La Mer au Milieu des Terres // Mare Medi Terraneum

Curator: Cécile Bourne-Farrell

March 13th – August 30th 2015
Es Baluard Museu d'Art Modern i
Contemporani de Palma

♦ MER. Paper Kunsthalle

ARTISTS

Ali Cherri

Marcel Dinahet

Lara Fluxà

Chourouk Hriech

Bouchra Khalili

Yazan Khalili

Farah Khelil

Ange Leccia

Rogelio López Cuenca

Geoffroy Mathieu
& Bertrand Stofleth

Antoni Muntadas

Hervé Paraponaris

Marco Poloni

Zineb Sedira

Oriol Vilanova

Yorgos Zois

Over the course of the months of preparation and presentation of this project, between September 2014 and August 2015, the sea surrounding us, the Mediterranean, has become a deeper, darker, more fractured sea, with more deaths, more festering crises and more sorrowful borders. Water is the flow that carries energy and life, a propitiatory place of change and a test tube for civilisations. Reflecting on all of this and seeking a consensus of progress through culture is a pressing need for North and South, East and West, Orient and Occident, the cradle of layers of history, now atomised.

Es Baluard is a modern and contemporary art museum open to the exploration of contemporary artistic practices and, above all, responsible with the tangible and intangible heritage generated both of its immediate environment and of its radius of action born out of its geographical location. As an infrastructure and public service located in the Balearic Islands, one of its missions is to understand cultural production with a commitment to what identifies it from the glocal and with an open and mutating, organic and porous international perspective, just as the Balearic Islands have been throughout their long history. Also, beyond our function as a museum, we feel the need for our work to have a social return.

Perhaps one of our strengths as a pole attracting visitors and cultural tourism lies in the geographical spot in which we find ourselves and the fact of being the main island in an archipelago that has experienced the coming and going of the most intense forces of antiquity from Romans, Phoenicians and Arabs. A repertoire of topographies and strata of history, a place in which to begin to understand and think of the political, social and economic conflicts of civilisations.

"Islands are excessive universes, at the same time wide open, brusquely swept by invasions of men, of technology and even of fashions, yet at the same time very closed, with highly intermittent and less every-day exchanges than in other places."[1] A museum can be an instrument for calibrating history, a thermometer of reality, the place for thought as a laboratory for trying to understand and advance.

"La Mer au Milieu des Terres // Mare Medi Terraneum", has been an exhibition idea developed with Cécile Bourne-Farrell, a French curator based in London who knows to perfection the situation in Southern Europe and its neighbouring countries from a rigorous standpoint that has led to her researching and working in various forms of interrelation with the identity and social commitment of them.

The aim of her project is to reveal the critical and aware look of certain artists at a space that is not solely that of Schengen or the euro, but the home to all the civilisations of the world brought together in the shared waters of the Mediterranean. So near and so far, the news surpasses the present, art seeks to propose a certain essential distance in the epicentre of what it is that has bound men to the land and the sea, above or below the water level, for millennia.

Death at sea has been told since Homer and Mircea Eliade, in their numerous studies into the myths, alluded to how in Greek mythology, sleep and death, Hypnos and Thanatos, are twin brothers.

The coastline on which the curator has focused is a mutant coastline in mystical architectures far removed from the sense of the traditional tourist boom. This is something we cannot forget if we bear in mind that surrounding it, Syria, Afghanistan, Iraq, Nigeria and Somalia are in open armed conflict, while Eritrea, Kosovo and Serbia are post-conflict. While we have been working on the exhibition, migratory and refugee movements have continued to increase exponentially, with nearly 57,300 people arriving in Europe in the first quarter of 2015. Over 2.4 million left Iraq alone, while Syria reaches a figure of more than 4 million. According to the IOM, in April 2015 a total of 1,727 people died at sea trying to reach Europe from North Africa.

The project has afforded us an initial approximation to all of these questions, both to the work of creators who have been extensively tackling it in their work for years and to various mediation actions, in the vein of the manifesto for LGTB rights in the Mediterranean, the Fórum Fronteras como cicatrices (Borders as scars Forum) and the educational interventions in the Son Gotleu neighborhood with the Metges del Món Illes Balears NGO. All of these questions, the internal and external landscapes, the topography of the memory and new geopolitical standpoints for analysing these problems have been tackled by the artists and works invited to take part.

"La Mer au Milieu des Terres // Mare Medi Terraneum" is the first exhibition project that deals with these constants and the first in a new vein of networking with museums and arts centres linked to this radius of action around the Mediterranean. A new cartography that needs to be constructed around our sea.

Nekane Aramburu, Director of Es Baluard

1   Braudel, Fernand. *Memorias del Mediterráneo. Prehistoria y Antigüedad*. Madrid: Cátedra, 1998, p. 149.

En el transcurso de los meses de preparación y presentación de este proyecto, los que van desde septiembre de 2014 a agosto de 2015, el mar que nos rodea, el Mediterráneo, ha devenido un mar más profundo, oscuro y fracturado, con más muertos, crisis enquistadas y fronteras dolorosas. El agua es corriente transmisora de energías y vida, lugar propiciatorio del intercambio y probeta para civilizaciones. Reflexionar sobre todo ello y procurar avances consensuados a través de la cultura es una necesidad acuciante para el Norte y el Sur, el Este y el Oeste, Oriente y Occidente, la cuna de capas de historia, hoy atomizada.

Es Baluard es un museo de arte moderno y contemporáneo abierto a la exploración de las prácticas artísticas contemporáneas y ante todo responsable con el patrimonio material e inmaterial generado tanto desde su entorno próximo como desde el radio de acción que por ubicación geográfica le corresponde. Como infraestructura y servicio público localizado en las Illes Balears tiene entre sus misiones entender la producción cultural con un compromiso con lo identitario desde lo glocal y con una perspectiva internacional abierta y mutante, orgánica y porosa, como lo han sido las islas en su larga historia. También, más allá de nuestra función museística, sentimos la necesidad de que nuestro trabajo tenga un retorno social.

Quizás una de nuestras fortalezas como polo de atracción de visitantes y de un turismo cultural radica en el punto geográfico donde nos encontramos, y también el hecho de ser la principal isla de un archipiélago que ha experimentado el ir y venir de las fuerzas más intensas de la antigüedad, desde los romanos, griegos, fenicios o árabes. Un repertorio de topografías y capas de historia, un lugar también donde comenzar a entender y pensar en los conflictos políticos, sociales y económicos de las civilizaciones.

"Las islas son universos excesivos, al mismo tiempo abiertos de par en par, barridos bruscamente por invasiones de hombres, de técnicas e incluso de modas, y muy cerrados al mismo tiempo, con intercambios muy intermitentes, menos cotidianos que en otros lugares."[1] Un museo puede ser un instrumento de calibración de la historia, un termómetro de la realidad, el lugar para el pensamiento como laboratorio para intentar entender y avanzar.

"La Mer au Milieu des Terres // Mare Medi Terraneum" ha sido una propuesta expositiva desarrollada con Cécile Bourne-Farrell, comisaria francesa afincada en Londres, quien conoce perfectamente la situación del sur de Europa y de sus países vecinos desde un posicionamiento riguroso que la ha llevado a investigar y trabajar en diversas vías de interrelación con la identidad y el compromiso social de los mismos.

Su proyecto tiene por objetivo revelar la mirada crítica y consciente de determinados artistas sobre un espacio que no es solamente el de Schengen o el del euro, sino el hábitat de todas las civilizaciones del mundo reunidas en las aguas compartidas del Mediterráneo. Tan lejos y tan cerca, la actualidad sobrepasa el presente, el arte procura proponer una cierta distancia imprescindible en el epicentro de aquello que liga a los hombres con la tierra y el mar, sobre o bajo el nivel del agua, desde hace milenios.

La muerte en el mar ha sido narrada desde Homero y Mircea Eliade,.en sus numerosos estudios sobre los mitos, aludía al hecho de que en la mitología griega sueño y muerte, Hypnos y Thanatos, son hermanos gemelos.

El litoral en el que se ha centrado la comisaria es un litoral marítimo mutante en arquitecturas mixtificadas y alejado del sentido boom turístico tradicional. Algo que no puede olvidarse, si tenemos en cuenta que alrededor están en conflicto armado abierto Siria, Afganistán, Irak, Nigeria y Somalia o post conflictos como Eritrea, Kosovo y Serbia. Mientras trabajábamos en la exposición han ido aumentando exponencialmente los desplazamientos migratorios y de refugiados y ya son casi 57.300 personas las que llegaron a Europa en el primer trimestre de 2015. Solo desde Irak salieron más de 2,4 millones y Siria alcanza una cifra superior a 4 millones. Según el IOM, en abril de 2015, un total 1.727 personas murieron en el mar intentando llegar a Europa desde el norte de África.

Este proyecto nos ha permitido una primera aproximación a todas estas cuestiones, tanto al trabajo de creadores que las han ido abordando de manera extensa en sus obras durante años, como a diferentes acciones de mediación, en la línea del manifiesto por los derechos del colectivo LGTB en el Mediterráneo, el Fórum Fronteras como Cicatrices e intervenciones educativas en el barrio de Son Gotleu de Palma, con la ONG Metges del Món Illes Balears. Todas estas cuestiones, los paisajes internos y externos, la topografía de la memoria y los nuevos posicionamientos geopolíticos para analizar estas problemáticas han sido tratados por los artistas y obras invitados a participar.

"La Mer au Milieu des Terres // Mare Medi Terraneum" es el primer proyecto expositivo que aborda estas constantes y también lo es de una nueva línea de trabajo en red con museos y centros de arte vinculados con este radio de acción en torno al Mediterráneo. Una nueva cartografía que es necesario construir alrededor de nuestro mar.

Nekane Aramburu, Directora de Es Baluard

1 Braudel, Fernand. *Memorias del Mediterráneo. Prehistoria y Antigüedad*. Madrid: Cátedra, 1998, p. 149.

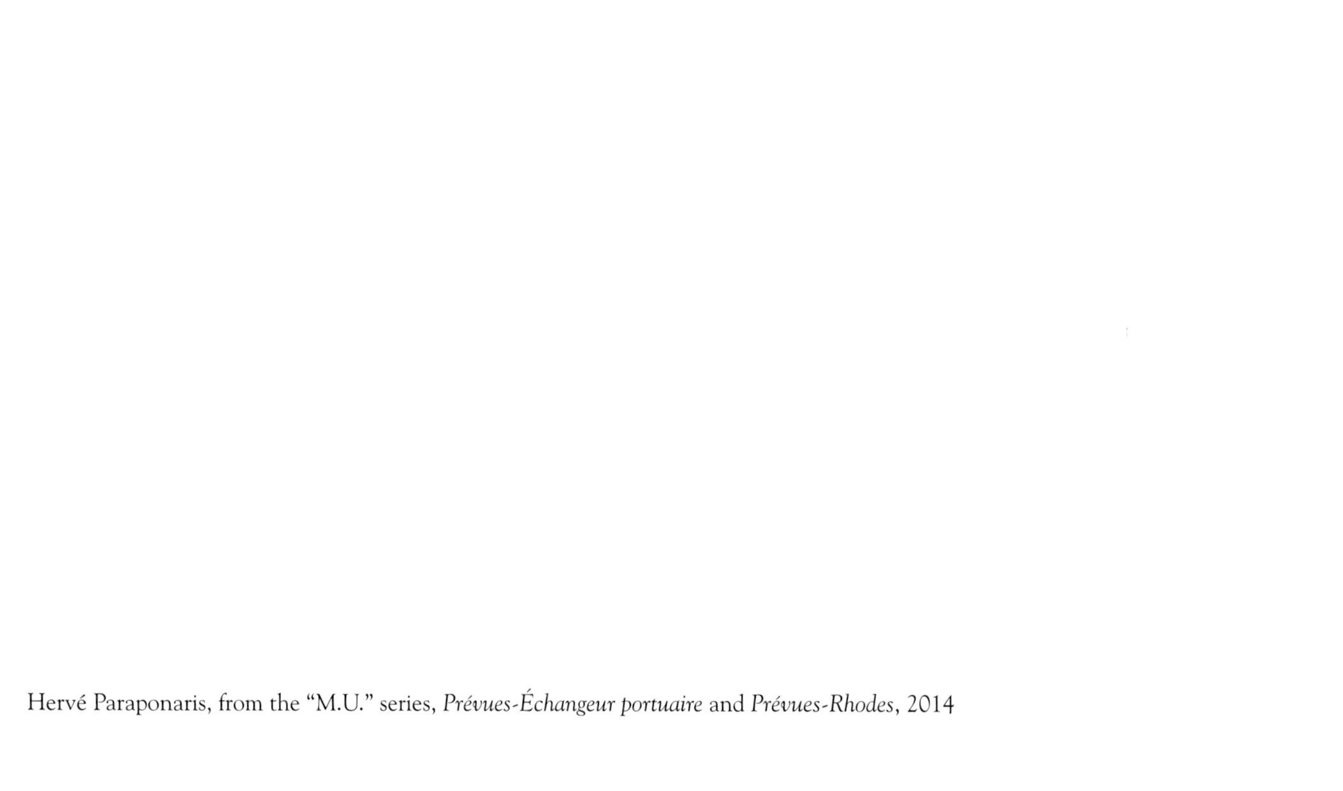

Hervé Paraponaris, from the "M.U." series, *Prévues-Échangeur portuaire* and *Prévues-Rhodes*, 2014

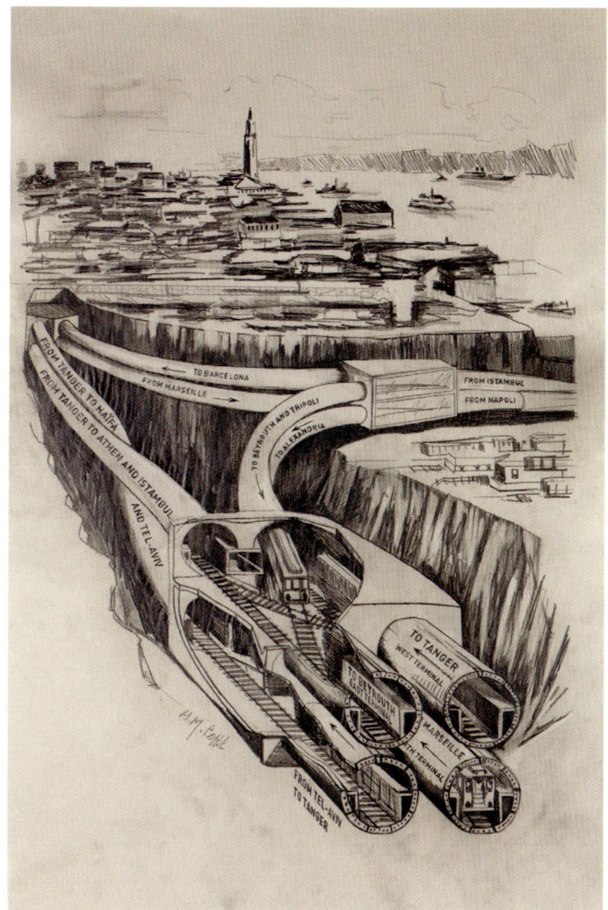

TO BARCELONA
FROM MARSEILLE
FROM TANGER TO HAIFA
FROM TANGER TO ATHEN AND ISTAMBUL AND TEL-AVIV
FROM ISTAMBUL
FROM NAPOLI
TO BEYROUTH AND TRIPOLI
TO ALEXANDRIA
TO TANGER
WEST TERMINAL
TO BEYROUTH
EAST TERMINAL
MARSEILLE
TH TERMINAL
FROM TEL-AVIV TO TANGER

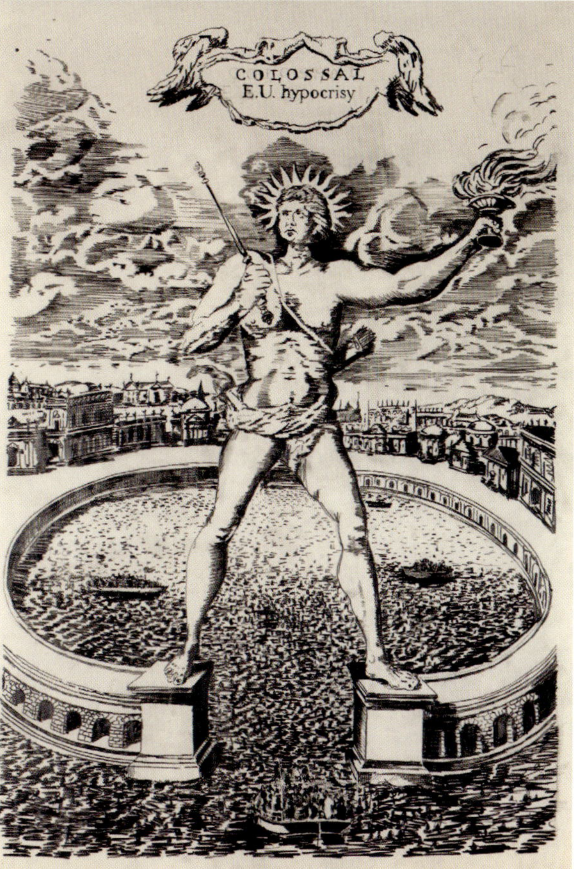

COLOSSAL
E.U. hypocrisy

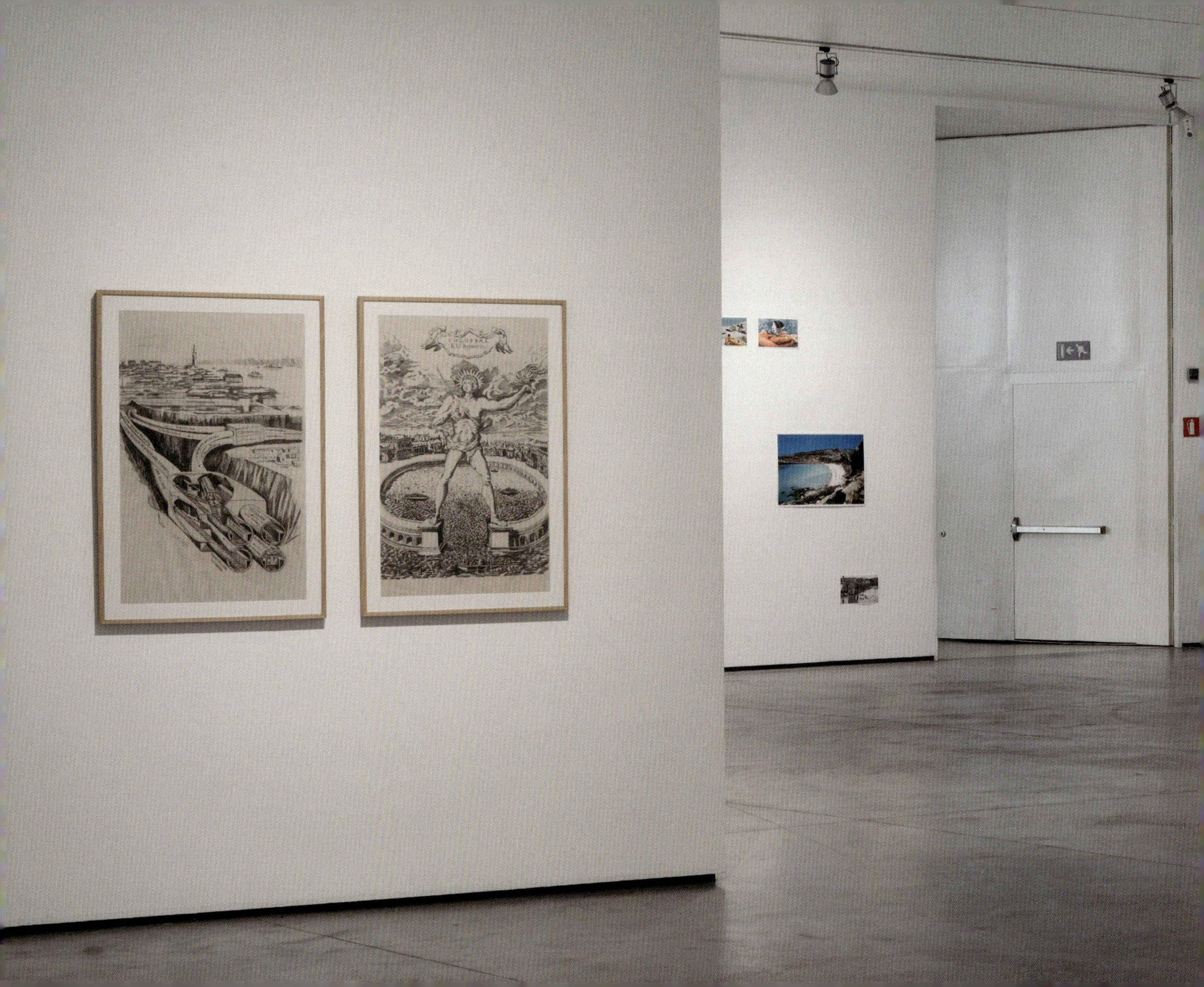

La Mer au Milieu des Terres // Mare Medi Terraneum

Comissària: Cécile Bourne-Farrell

13 de març – 30 d'agost de 2015
Es Baluard Museu d'Art Modern i
Contemporani de Palma

Al llarg dels mesos de preparació i presentació d'aquest projecte, els que van de setembre de 2014 a agost de 2015, la mar que ens envolta, la Mediterrània, ha esdevingut una mar més profunda, fosca i fracturada, amb més morts, crisis enquistades i fronteres doloroses. L'aigua és corrent transmissor d'energies i vida, lloc propiciatori de l'intercanvi i proveta per a civilitzacions. Reflexionar sobre tot això i procurar avanços consensuats a través de la cultura és una necessitat inajornable per al Nord i el Sud, l'Est i l'Oest, Orient i Occident, bressol de capes d'història, avui atomitzada.

Es Baluard és un museu d'art modern i contemporani obert a l'exploració de les pràctiques artístiques contemporànies i, sobretot, responsable amb el patrimoni material i immaterial creat tant des del seu entorn més proper com des del radi d'acció que per ubicació geogràfica li correspon. Com a infraestructura i servei públic localitzat a les Illes Balears una de les seves missions és entendre la producció cultural amb un compromís amb la identitat des del glocal i amb una perspectiva internacional oberta i mutant, orgànica i porosa, tal com han estat les illes al llarg de la seva història. També, més enllà de la nostra funció museística, sentim la necessitat que la nostra feina tingui un retorn social.

Per ventura, una de les nostres fortaleses com a pol d'atracció de visitants i del turisme cultural és el punt geogràfic en què ens trobem i, també, el fet que és la principal illa d'un arxipèlag que ha experimentat les anades i vingudes de les forces més intenses de l'antiguitat, des dels romans, grecs, fenicis o àrabs. Un repertori de topografies i de capes d'història, un indret en el qual es pot començar a entendre i a pensar en els conflictes polítics, socials i econòmics de les civilitzacions.

"Las islas son universos excesivos, al mismo tiempo abiertos de par en par, barridos bruscamente por invasiones de hombres, de técnicas e incluso de modas, y muy cerrados al mismo tiempo, con intercambios muy intermitentes, menos cotidianos que en otros lugares."[1] Un museu pot ser un instrument de calibratge de la història, un termòmetre de la realitat, el lloc per al pensament com a laboratori per intentar entendre i avançar.

"La Mer au Milieu des Terres // Mare Medi Terraneum" ha estat una proposta expositiva desenvolupada amb Cécile Bourne-Farrell, comissària francesa resident a Londres, que coneix perfectament la situació del sud d'Europa i dels seus països veïns, des d'un posicionament rigorós que l'ha duta a investigar i treballar en diverses vies d'interrelació amb la identitat i el compromís social dels mateixos.

El seu projecte té l'objectiu de revelar la mirada crítica i conscient de determinats artistes sobre un espai que no és només el de Schengen o el de l'euro, sinó l'hàbitat de totes les civilitzacions del món reunides en les aigües compartides del Mediterrani. Tan lluny i tan a prop, l'actualitat sobrepassa el present, l'art procura proposar una certa distància imprescindible en l'epicentre d'allò que lliga els homes amb la terra i la mar, sobre o sota el nivell de l'aigua, des de fa mil·lennis.

La mort a la mar ha estat narrada des d'Homer i Mircea Eliade, en els seus nombrosos estudis sobre els mites, al·ludia al fet que, en la mitologia grega, somni i mort, Hypnos i Thanatos, són germans bessons.

El litoral en què s'ha centrat la comissària és un litoral marítim mutant en arquitectures mistificades i allunyat del boom turístic tradicional, cosa que no podem oblidar si tenim en compte que al seu voltant hi ha conflictes armats oberts a Síria, Afganistan, Iraq, Nigèria i Somàlia, o postconflictes, com a Eritrea, Kosovo i Sèrbia. Mentre fèiem feina en l'exposició han augmentat exponencialment els desplaçaments migratoris i de refugiats, i ja són quasi 57.300 persones les que arribaren a Europa el primer trimestre de 2015. Només des d'Iraq en sortiren més de 2,4 milions i Síria supera una xifra superior als quatre milions. Segons l'IOM, l'abril de 2015, un total de 1.727 persones moriren a la mar quan intentaven arribar a Europa des del nord d'Àfrica.

Aquest projecte ens ha permès una primera aproximació a totes aquestes qüestions, tant a la feina de creadors que les han anades abordant de manera extensa en les seves obres durant anys, com a diferents accions de mediació, en la línia del manifest pels drets del col·lectiu LGTB al Mediterrani, el Fòrum Fronteres com a Cicatrius i intervencions educatives al barri de Son Gotleu de Palma, amb l'ONG Metges del Món Illes Balears. Totes aquestes qüestions, els paisatges interns i externs, la topografia de la memòria i els nous posicionaments geopolítics per analitzar aquestes problemàtiques han estat tractats pels artistes, i les seves obres, convidats a participar-hi.

"La Mer au Milieu des Terres // Mare Medi Terraneum" és el primer projecte expositiu que aborda aquestes constants i també d'una nova línia de feina en xarxa amb museus i centres d'art vinculats amb aquest radi d'acció entorn a la Mediterrània. Una nova cartografia que és menester construir al voltant de la nostra mar.

Nekane Aramburu, Directora d'Es Baluard

1 Braudel, Fernand. *Memorias del Mediterráneo. Prehistoria y Antigüedad.* Madrid: Cátedra, 1998, p. 149.

El mar enmig de les terres[1] // Mare Medi Terraneum

El Mediterrani, etimològicament "mare midi terra", el mar enmig de les terres, es presenta com una conca aparentment tancada que en realitat s'obre cap a l'oest per l'estret de Gibraltar. Un espai que ha estat sempre cruïlla de cultures – mesopotàmica, cartaginesa, berber, semítica, persa, fenícia, grega i romana – i bressol de religions: jueva, cristiana i islàmica. Aquest mar fou i és, així mateix, la base econòmica i cultural de nacions incipients afavorides pels intercanvis marítims que permeteren la supremacia de l'anomenada civilització occidental. Territoris de la diversitat que qüestionen la idea de frontera i transformen els models d'identitat i de les figures polítiques sorgides a partir d'esdeveniments revolucionaris.

No passa ni un sol dia sense que s'al·ludeixi al Mediterrani com un drama i no com un espai participatiu o cultural en la línia que reflecteixen els fullets publicitaris. Lluny és el Mediterrani de Braudel, les seves descripcions meravelloses de paisatges s'han convertit en destinacions turístiques i les Illes Balears no en són una excepció. Per la seva singularitat i insularitat, Palma de Mallorca és al cor d'aquest mar occidental i oriental, els accessos del qual generen alhora atracció i rebuig a una Europa contemporània cada vegada més proteccionista.

Aquest projecte curatorial no té per objecte il·lustrar l'entorn d'aquest mar sinó oferir una reflexió profunda sobre aquestes regions mil·lenàries i proposar-nos ser actors potencials d'un nou desenvolupament cultural i de l'evolució natural que s'ha produït en el context del Mediterrani. Aquest complex clímax de situacions és el que privilegia l'observació raonada, el coneixement i la negociació, que segueixen sent el motor essencial d'encontres entre mons que s'ignoren i que es manifesten en aquestes aigües. Si el Mediterrani és el cementiri més gran del món, la densitat d'intercanvis fluvials i econòmics genera pèrdues i beneficis i les seves conseqüències ecològiques, econòmiques, polítiques i socials van accelerant-se a un ritme vertiginós.

L'exposició "El mar enmig de les terres // Mare Medi Terraneum" planteja el litoral del Mediterrani en conjunt, com un ésser viu, tant per als que hi viuen com per als qui només hi passen. L'experiència d'aquesta exposició permet una mirada cap a qüestions poc debatudes, com la desil·lusió en la política europea, les primaveres àrabs i les herències mediambientals, industrials i turístiques. El llenguatge dels artistes seleccionats intenta retornar una certa dignitat a les persones mitjançant la força de l'observació i de l'imaginari i dels seus actes quotidians.

El vaivé vertical continu del flux d'imatges del vídeo d'*Ange Leccia* mostra el caràcter incopsable d'aquestes aigües en constant moviment. De l'estat gasós a l'estat sòlit, el litoral marca el límit entre allò sec i allò humit, l'equilibri i el desequilibri, que són analitzats per *Lara Fluxà*, les investigacions de la qual es concentren sobre elements que caracteritzen principalment el mar, els seus matisos d'inestabilitat i la salinitat de les seves aigües, ontològicament qüestionada per l'artista. No es pot agafar l'aigua amb les mans, és l'antiforma per excel·lència, i l'antiguitat, o l'amorf, transmet la idea que ja ha assumit totes les formes possibles.

El turista que tots portem a dins pateix les interferències ecològiques i polítiques alhora que fomenta aquestes contradiccions. Si observem la misèria i la injustícia dels mons que conviuen constatem les friccions latents que hi ha a Lampedusa o a Xipre, com representa el muntatge fotogràfic de *Marco Poloni* o que s'observa al vídeo de *Marcel Dinahet*, qui ha transgredit les terres prohibides de l'Europa septentrional, a Xipre, on els desacords territorials donen lloc a les insuportables situacions en què es veuen embolicats tant els candidats a l'emigració com els autòctons de les costes del sud d'Europa, víctimes de la incapacitat d'Europa per delimitar les seves fronteres amb els països limítrofs. La gran instal·lació de Marco Poloni està formada per 60 imatges, la meitat de les quals prové de referents cinematogràfics, com el *Robinson Crusoe* de Buñuel, l'*Stromboli* de Rosellini, d'imatges científiques i d'imatges de Google Earth.

D'altra banda, vist des del continent africà, fa dècades que un nombre considerable de persones "arrisquen la pell". En forma de converses, l'artista *Antoni Muntadas* ha plasmat de què són les pors, els motius personals explícits i implícits de les persones en la seva desesperació, que en alguns casos són també familiars dels *harragas*.[2] Els protagonistes, que ja no aconsegueixen trobar la dignitat, expressen amb pudor el seu desconcert.

Plantejat des d'una altra perspectiva, *Rogelio López Cuenca* també ens fa partícips mitjançant les càmeres infraroges dels mateixos sentiments de terror que envaeixen els "sense papers" que persegueixen el somni odisseic cap a terres més clements com Espanya, a quatre passes d'El Dorado europeu.[3] A una altra escala, aquesta mateixa por visceral és el que provoquen els recurrents tremolors de terra que evoca *Ali Cherri* en algunes zones del Mediterrani, on les plaques tectòniques són en moviment continu, molt més que a qualsevol altre lloc del món. Fatalitat o destí, és la història d'aquest litoral que no sempre és tan acollidor com ens han fet creure. La gent hi viu en perill constant. És millor ser conscient dels desastres potencials o ignorar-los?

Per a *Hervé Paraponaris* es tracta de somniar un món millor, tot imaginant que l'espai del Mediterrani pot ser una xarxa de metro subaquàtic, i Palma de Mallorca una de les parades privilegiades. Per aconseguir-ho, més enllà de les utopies, encara haurem de negociar moltes més travessies cap a El Dorado, com demostra el preu del passatge d'Iraq a Europa, que enriqueix tants d'intermediaris.[4] Els dibuixos s'inspiren en els còmics de ciència ficció de la dècada de 1930 i en les pintures de Cristopher Wool, que han assolit els preus més alts de la història per a l'obra d'un artista contemporani.[5]

Les solucions a aquesta odissea dels segles XX i XXI són també als mapes, i la bona estrella acompanya a vegades alguns candidats en la seva travessia plena de perills i rodeigs, com ens proposa el vídeo de *Bouchra Khalili*.

A la seva fotonovel·la, a cavall de Palestina i Israel, *Yazan Khalili* evoca la ruptura d'una història d'amor a través d'imatges i textos, com una línia al paisatge que segueix i projecta indefinidament anhels i desigs innombrables mai no satisfets. Després de la decepció de sempre, tant si és en el camp amorós com en el dia a dia, la realitat de la crisi econòmica grega sobrepassa tots els límits d'allò imaginable fins al punt de desencadenar una dinàmica desenfrenada en la cua d'espera en un supermercat per una ració d'aliments. Al seu film, amb una eficàcia extraordinària, *Yorgos Zois* ens qüestiona fins on arribarà aquesta situació.

El litoral són també els viatges afanyosos per les costes algerianes en què ens submergeix *Zineb Sedira* amb el seu vídeo, davant del qual l'espectador comença a sentir-se incòmode i fascinat pel paral·lelisme de la línia de costa. A cada revolt, els vehicles vetustos, la manca de llum d'unes carreteres amb tants de clots com bonys tenen els cotxes i la por de no arribar a bon port fan que l'angoixa sigui permanent.

Quan ens adonem de l'herència que lleguem amb els nostres paisatges industrials, i que podem redescobrir als treballs fotogràfics de *Geoffroy Mathieu i Bertrand Stofleth*, com també al dibuix *in situ* de *Chourouk Hriech*, ens envaeix una altra consideració del litoral mediterrani. Aquests artistes aporten una mirada distinta als erms contemporanis de les nostres costes, que han patit (i algunes encara pateixen) una activitat industrial intensa, com en el cas de Fos-sur-Mer, a Marsella. La bauxita arruïna els sòls i els paisatges per sempre, com succeeix amb les fàbriques erigides per Franco a l'entrada de Gibraltar[6] i que s'aixequen com catedrals de llums monstruoses tant de dia com de nit a les portes del Mediterrani. Els dibuixos que *Chourouk Hriech* ha fet de determinats indrets, com cases inacabades o construccions industrials fantasmals que poblen les voreres de la Mediterrània, mostren les runes de l'època moderna alhora que evoquen llocs embruixats, emblemàtics del poc respecte de la gent per aquestes aigües… L'artista ha decidit parlar de les ombres de les runes modernes que deixem enrere en paisatges litorals, tot responent dialècticament a dues pintures existents que representen el paper que tenen els vaixells industrials en aquelles costes.

"El mar enmig de les terres" són també els fantasmes projectats de la col·lecció de postals de postes de sol, sublims i inquietants, d'*Oriol Vilanova*, presentades en horitzons sense fi que contrasten amb la imatge en constant flux d'*Ange Leccia*. Oriol Vilanova, des de 2000, col·lecciona aquestes postals, que van des de les primeres imatges en blanc i negre fins les més recents, ordenades per color i reproduïdes a gran escala (12 metres d'ample). De lluny, semblen enormes ones, però de prop més aviat són un malson…

En un altre llenguatge, al voltant dels estereotips que circulen pel Mediterrani i en una reducció extrema de representacions de destacats emplaçaments turístics tunisians, l'artista *Farah Khelil* ha

tornat a aquells llocs que coneix a la perfecció a
través de postals recopilades en mercadets europeus
i del nord d'Àfrica, com si fossin fragments de cor-
respondències entre el missatge que voldria enviar
i la dificultat de parlar de les històries passades i
presents del litoral.

"Mare Medi Terraneum" vol donar a conèixer
la mirada dels artistes contemporanis sobre un espai
que és el de totes les civilitzacions del món reuni-
des en les aigües compartides de la Mediterrània.
A causa del context en què es fa aquesta exposició,
aquest projecte s'ha vist influït per l'obra de Robert
Smithson.[7] La seva obra es concentra a veure l'espai
des d'una perspectiva exotòpica. Per exemple, des
d'una illa com Mallorca, la percepció dels continents
és distinta de la que es té des del territori continen-
tal. La relació que els illencs tenen amb la mar con-
diciona la manera com la miren. Aliena a tot plegat,
i no obstant tan propera, l'actualitat desborda i l'art
proposa una certa distància, necessària per a aquesta
crisi que des de fa mil·lennis lliga l'home a la terra i
al mar, per sobre o per sota del nivell de les aigües.

No oblidem que, tal com assenyala Franco
Cassano, "aquest espai sempre ha estat un lloc de
barreges genètiques i lingüístiques que generen una
cultura el resultat de la qual també és una creolitza-
ció dels pobles que participen en la seva construc-
ció".[8] I nosaltres? Com vivim aquests mestissatges?
Què cerquem? Què tenim al cap, a la bossa de platja
o als nostres estudis sociològics o culturals quan
anem per aquests indrets?

 Cécile Bourne-Farrell

1 "La Mer au Milieu des Terres",
título original.
2 Clandestí, candidat a la travessia.
3 Tànger/Tarifa: 13 km i
http://watchthemed.net
4 "Vogue la Galère, traffic des
migrants", Andrea Palladino i
Andrea Tornago, p. 12, *Le Monde*,
6 de febrer de 2015.
5 Preus de Christopher Wool:
http://www.bloomberg.com/bw/
articles/2014-10-09/price-of-
christopher-wools-apocalypse-
now-soars-with-art-market
6 "La Línea es la ciudad más
contaminada de España, según
la OMS", Manuel Planelles i
Cándido Romaguera, Sevilla /
La Línea de la Concepción,
El País, 24 de maig de 2014,
http://sociedad.elpais.com/
sociedad/2014/05/24/actuali-
dad/1400953564_
377787.html
7 Robert Smithson. "Photoworks".
Chris Keledjian (ed.)
8 Franco Cassano. *Southern Thought
and Other Essays on the Mediterra-
nean.* Traducció de Norma Bouc-
hard i Valerio Ferme. Nova York:
Fordham University Press, 2011.

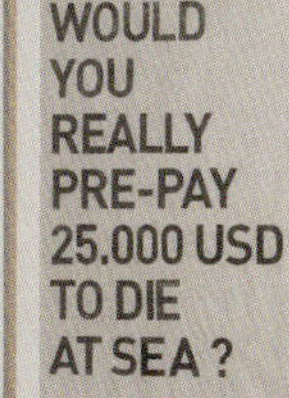
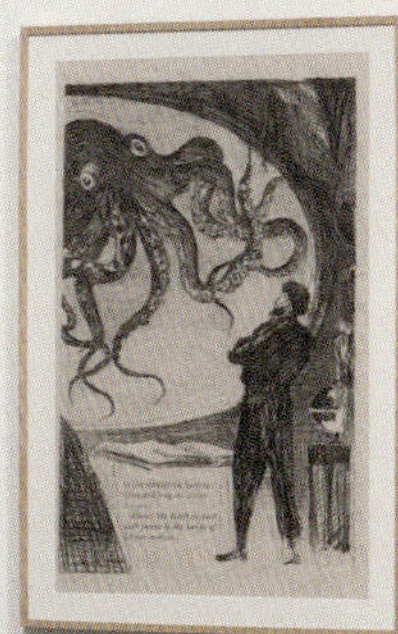

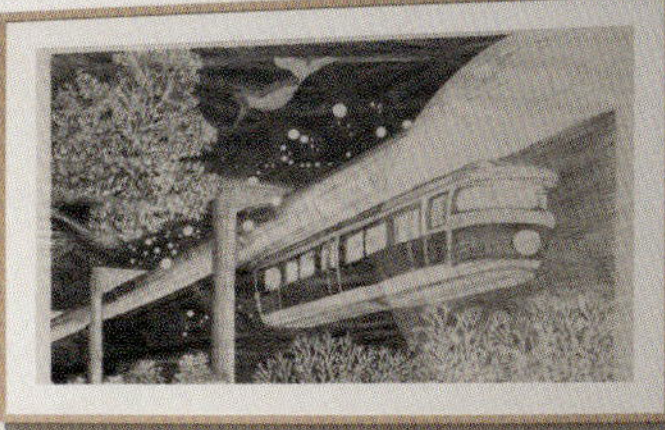
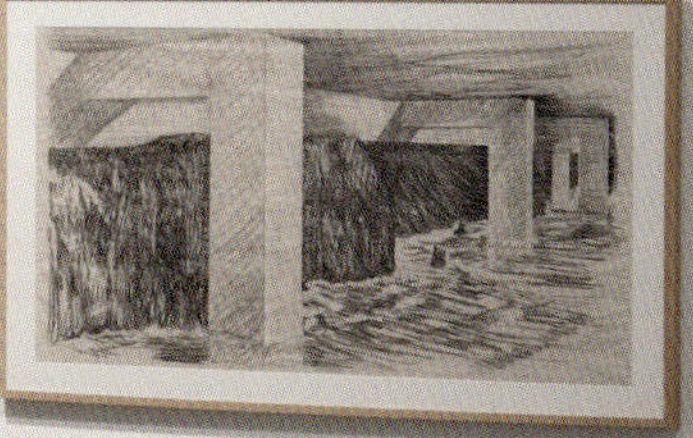

Hervé Paraponaris, from the "M.U." series, *Prévues-Échangeur portuaire*, *Prévues-Rhodes*, *Sentence-Le prix du danger*, *Sentence-Le poids de l'effort*, *Prévues-L'ommission de Némo*, *Prévues-Autorame* and *Prévues-Station littoral*, 2014
In the middle: Marco Poloni, *Displacement Island*, 2006 (detail)

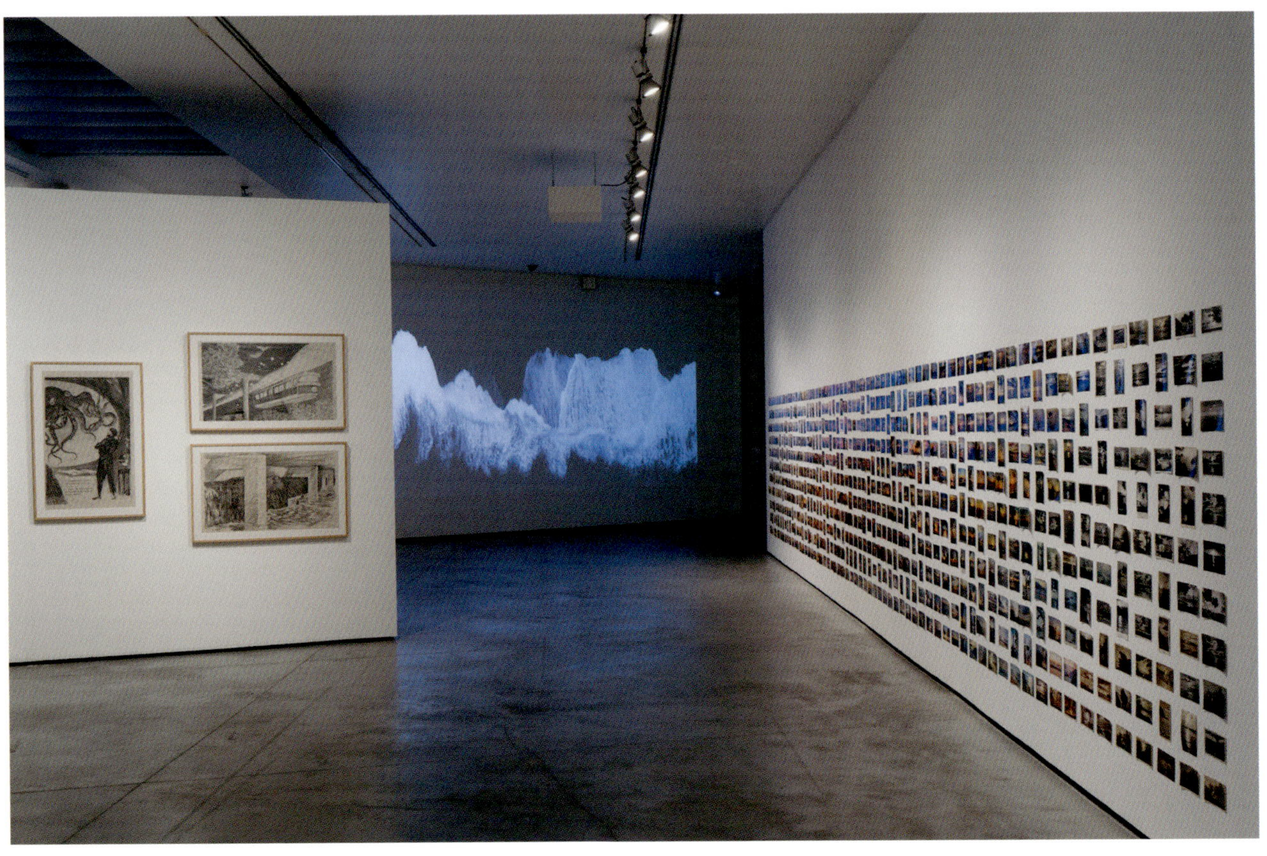

Hervé Paraponaris, from the "M.U." series, *Prévues-L'ommission de Némo*, *Prévues-Autorame* and *Prévues-Station littoral*, 2014
Ange Leccia, *La Mer*, 1991; Oriol Vilanova, *Sunsets from…*, 2013 (detail)
Overleaf: Oriol Vilanova

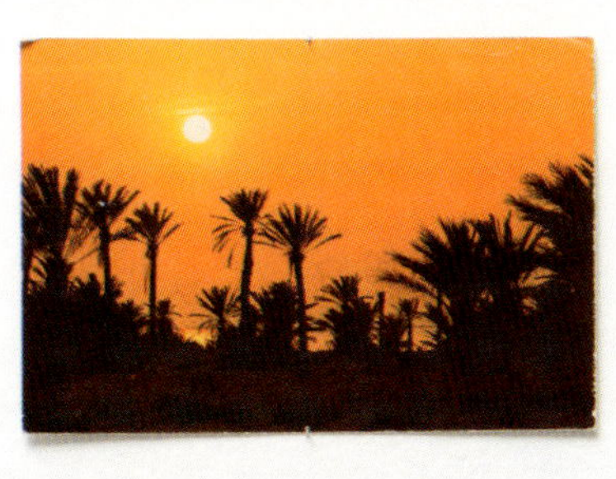
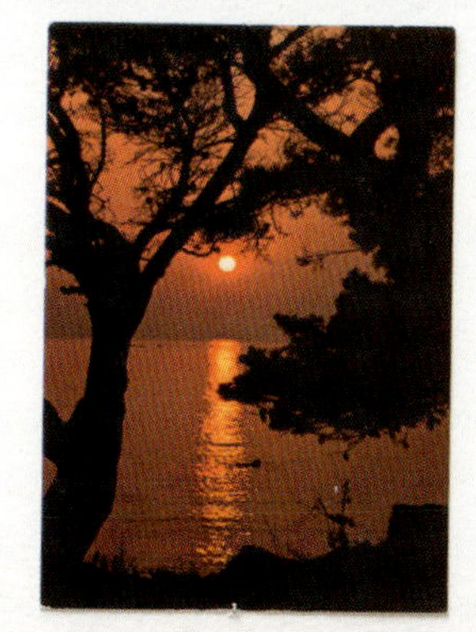
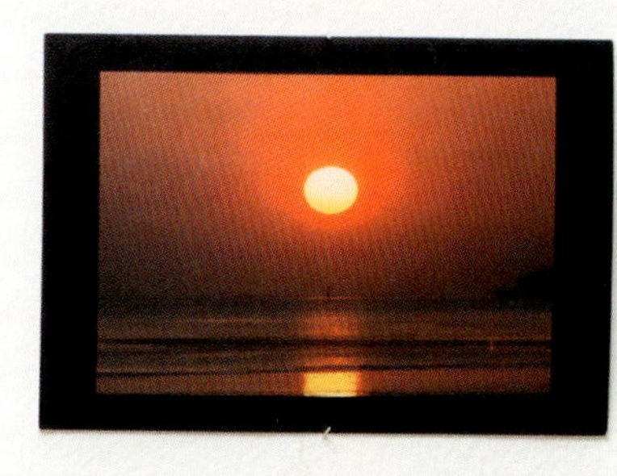

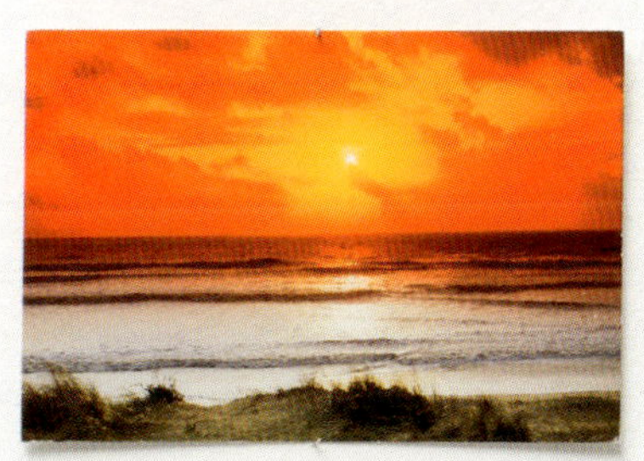
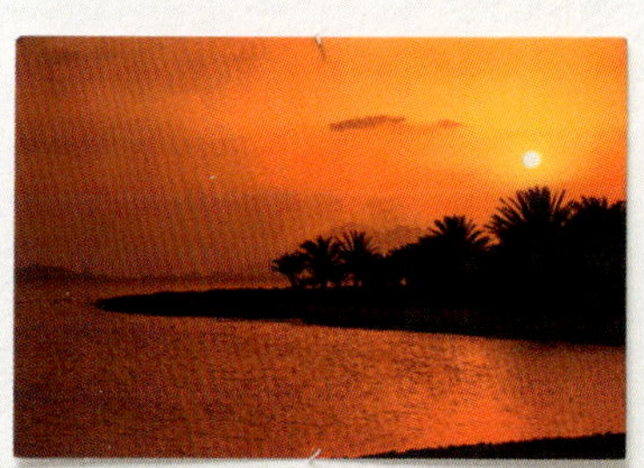
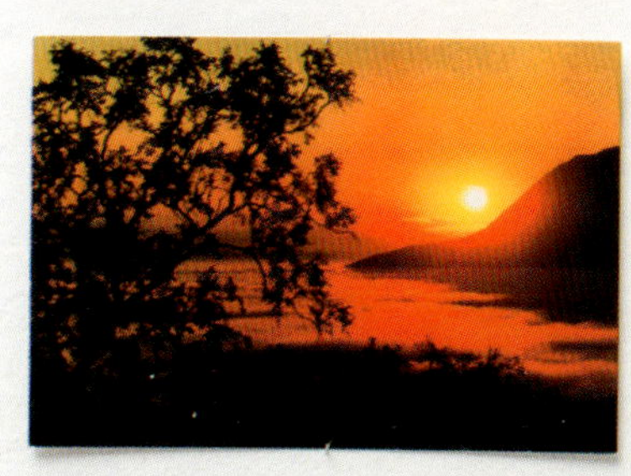
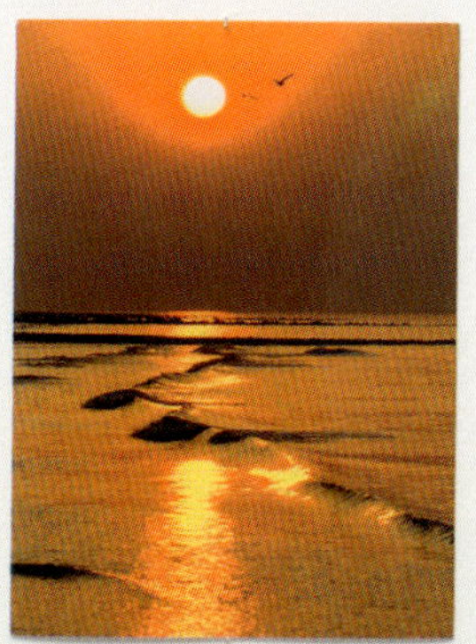

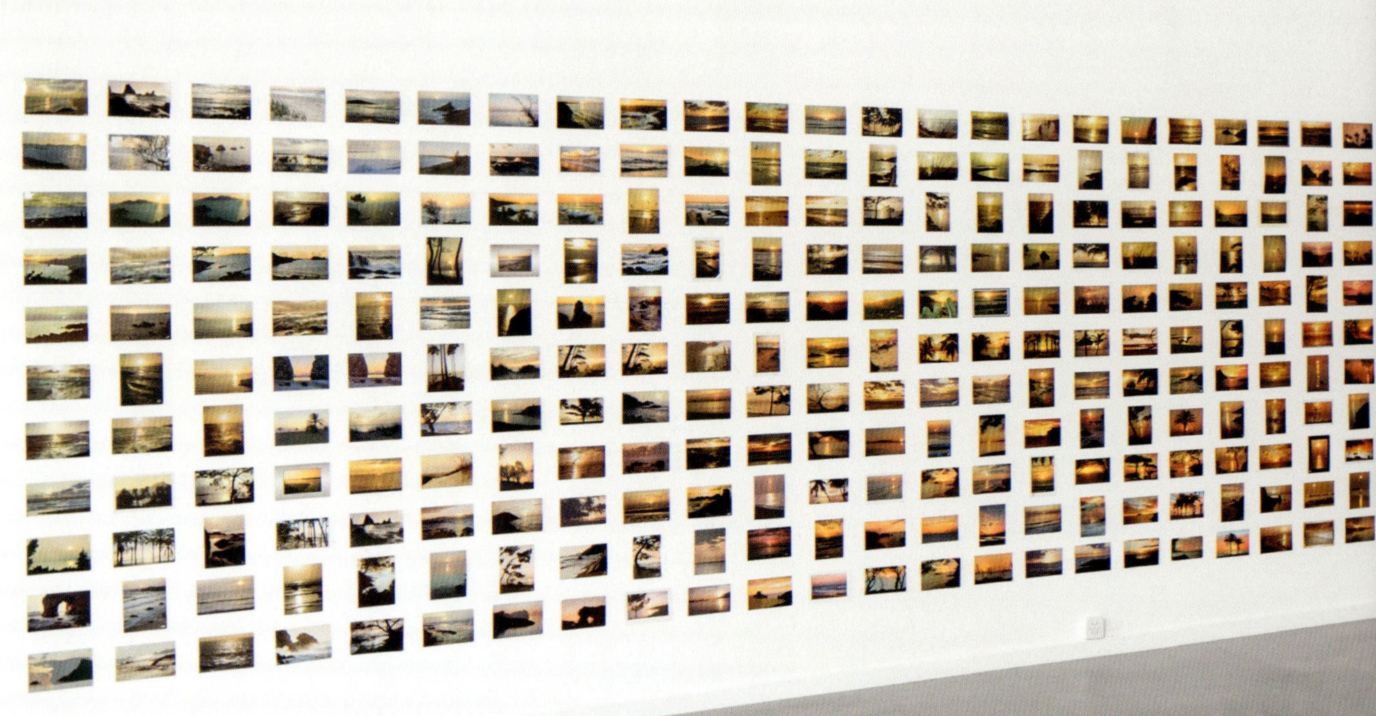

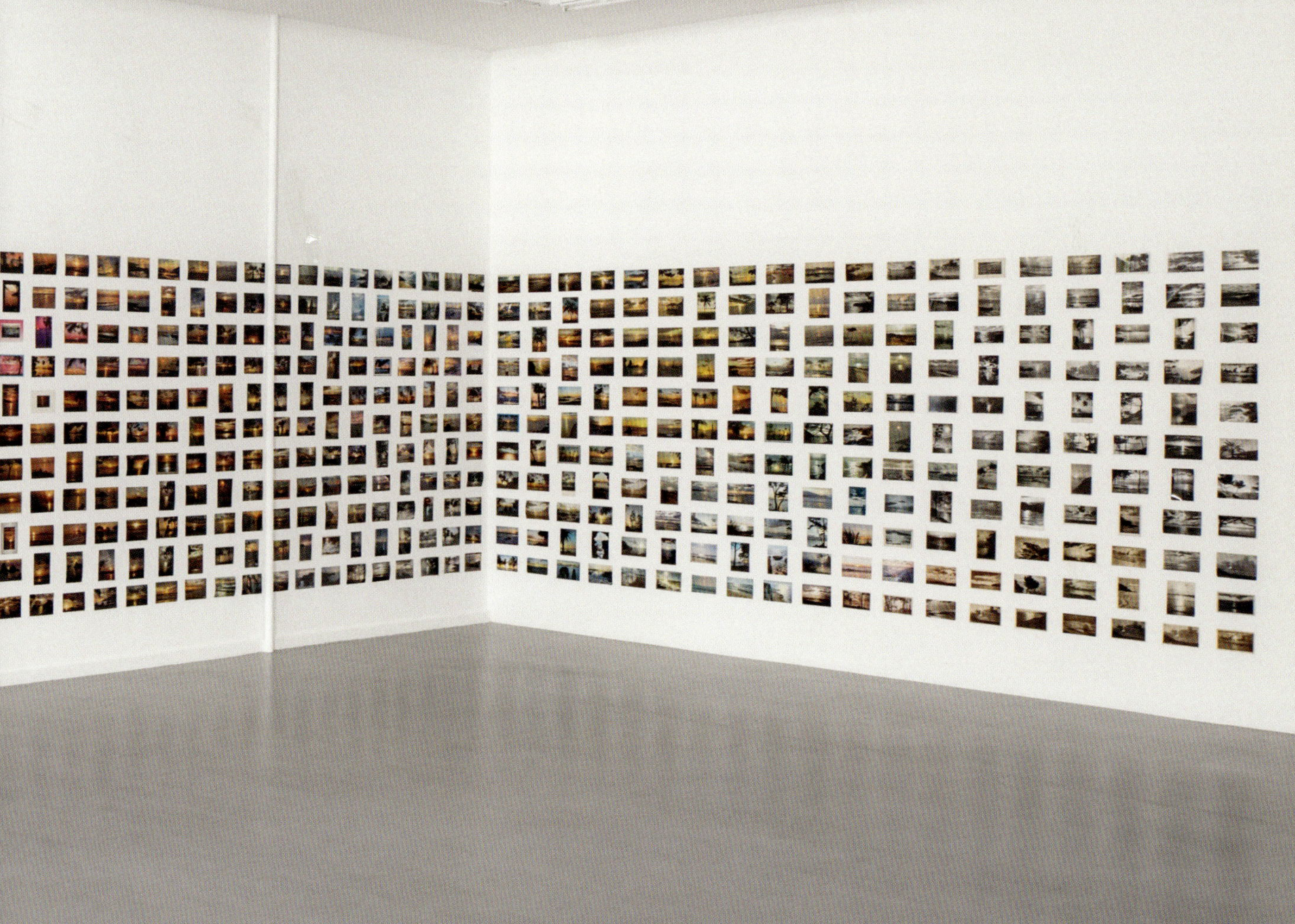

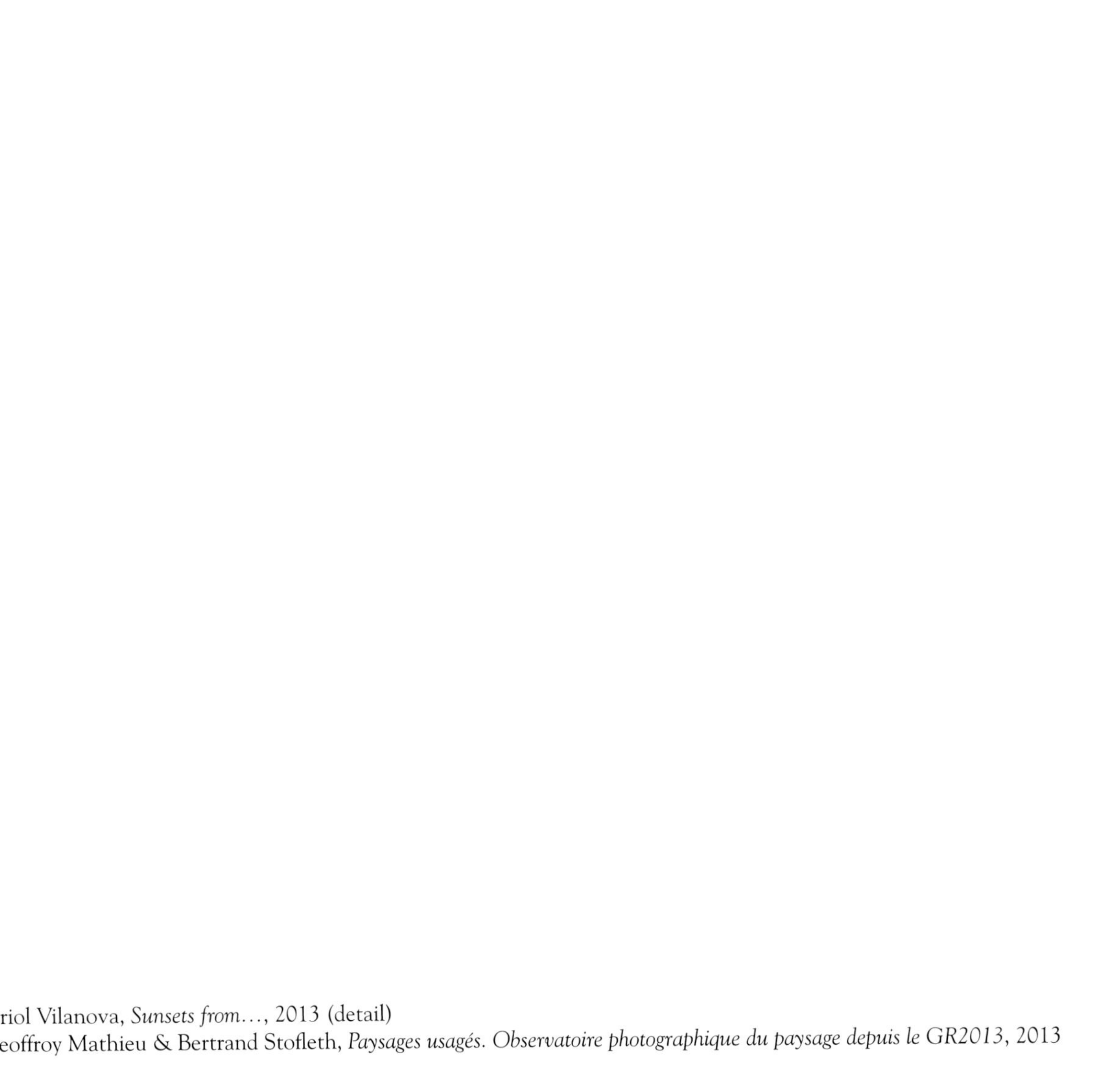

Oriol Vilanova, *Sunsets from…*, 2013 (detail)
Geoffroy Mathieu & Bertrand Stofleth, *Paysages usagés. Observatoire photographique du paysage depuis le GR2013*, 2013

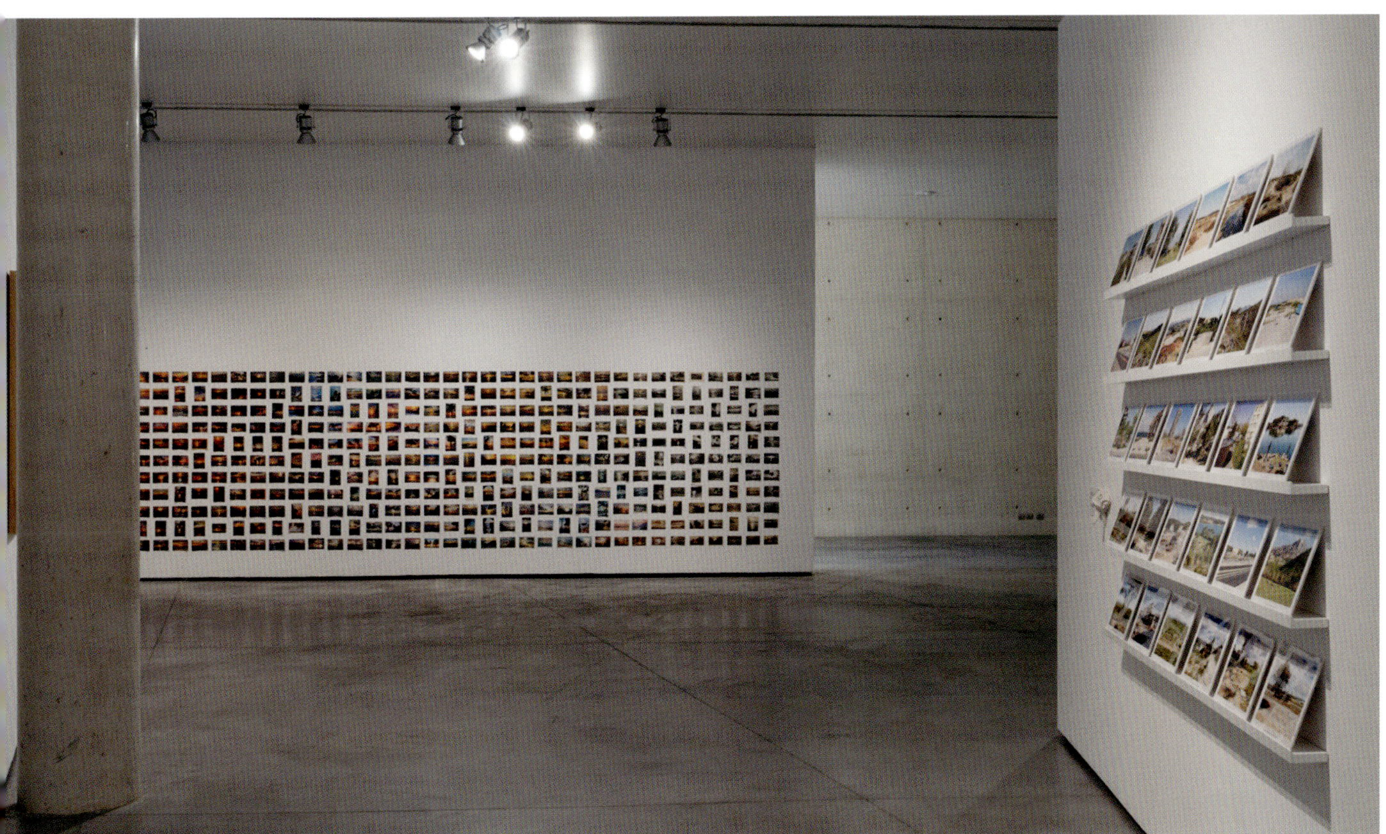

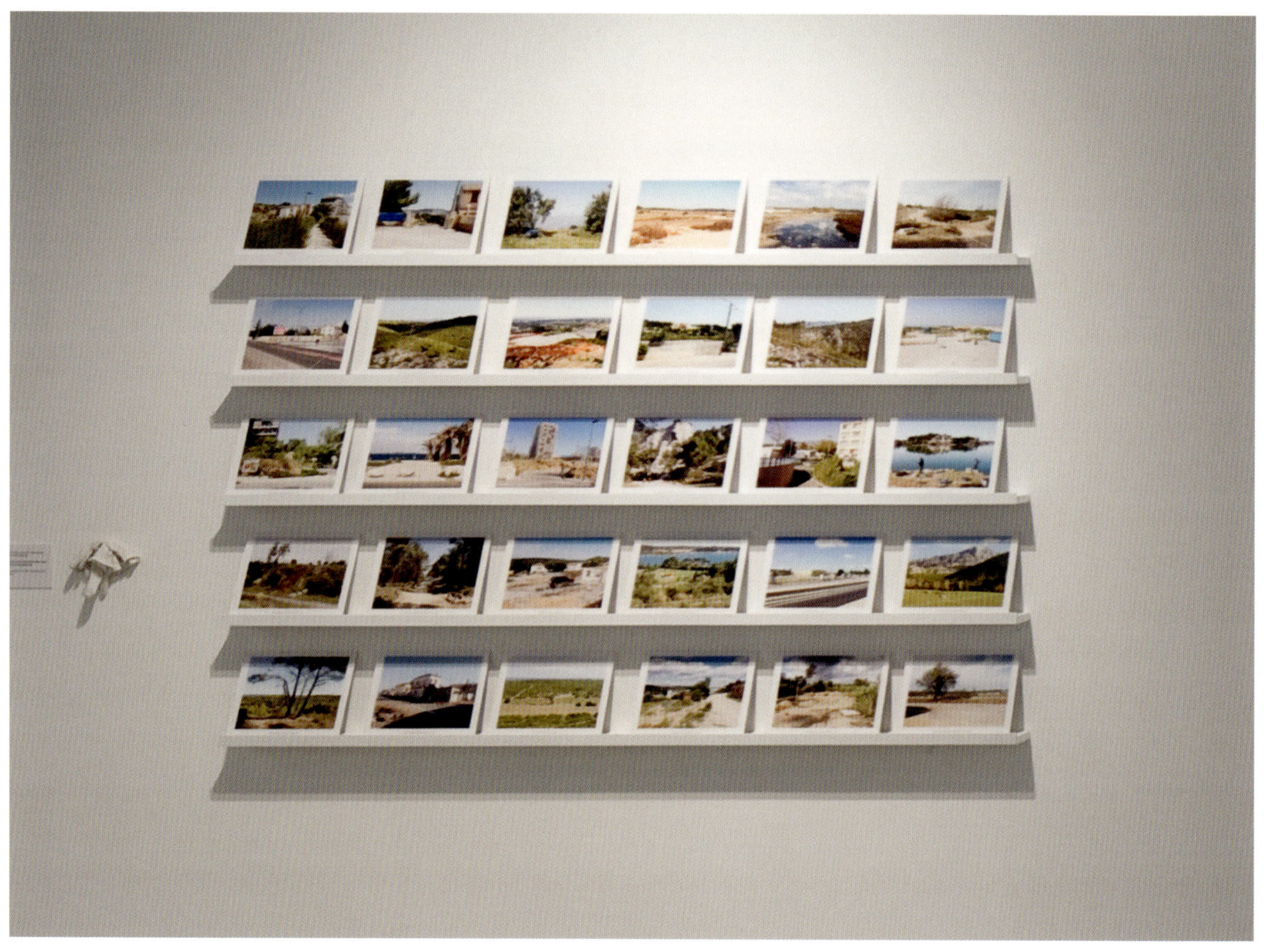

Geoffroy Mathieu & Bertrand Stofleth, *Paysages usagés. Observatoire photographique du paysage depuis le GR2013*, 2013 and a detail

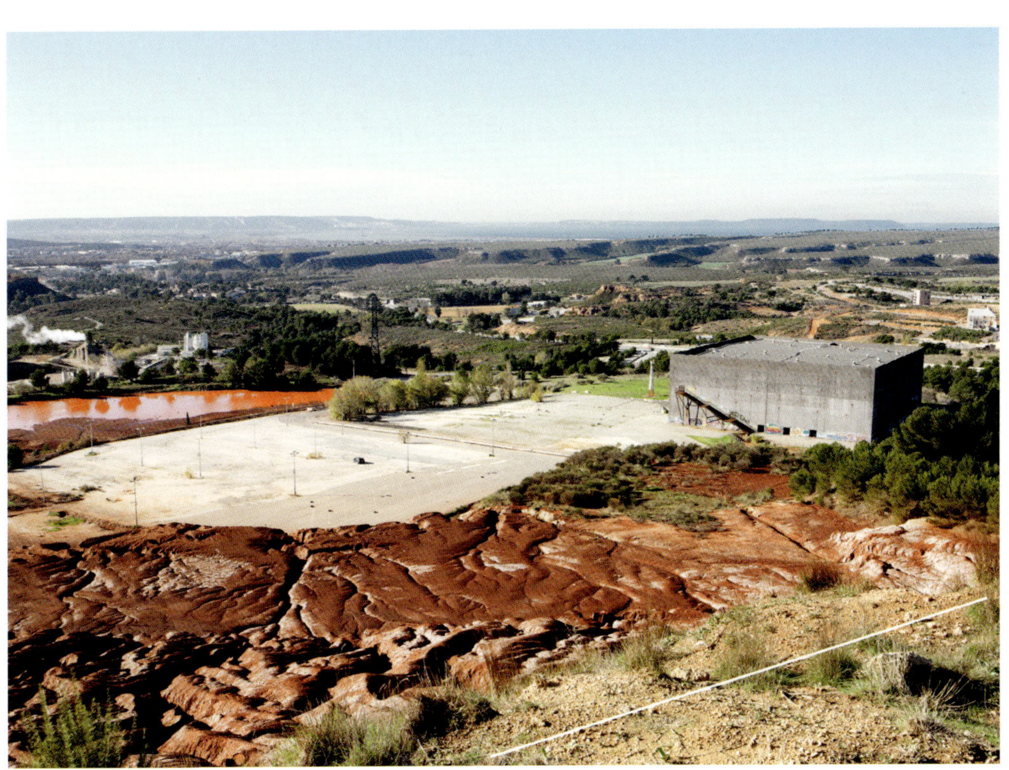

Ali Cherri, *The Disquiet*, 2013 (video still)
Overleaf: Ange Leccia, *La Mer*, 1991 (video still)

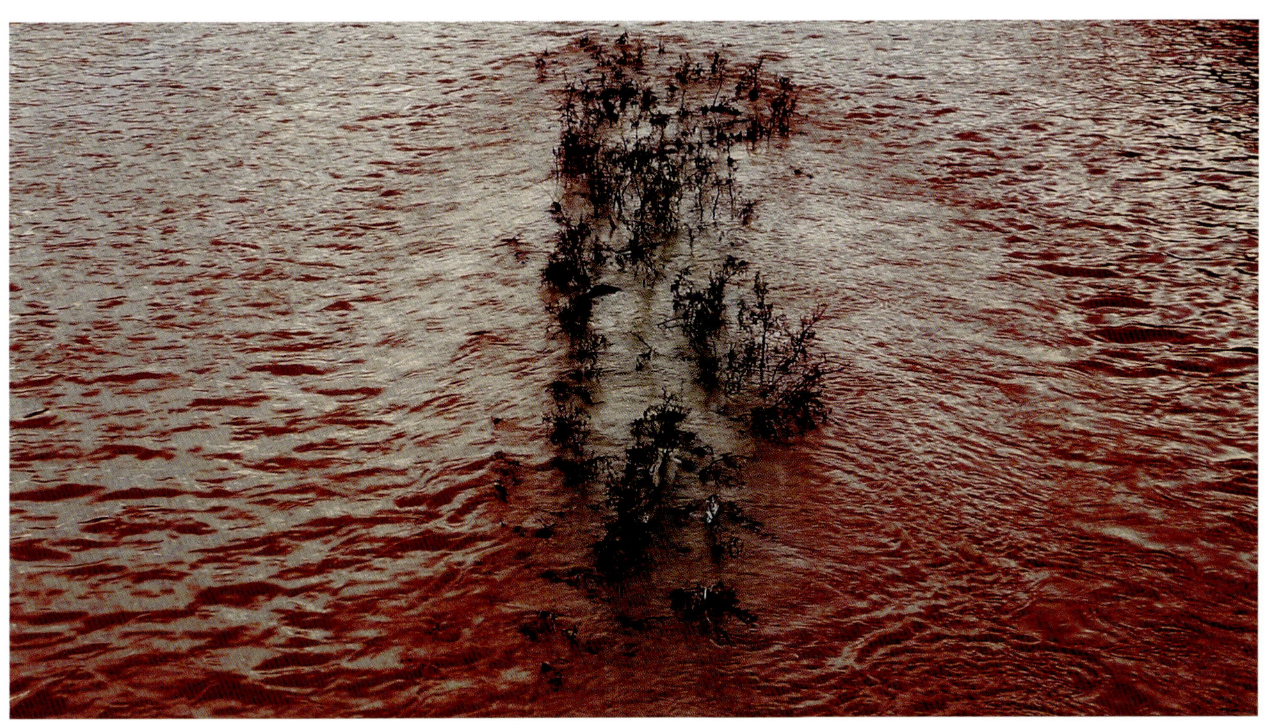

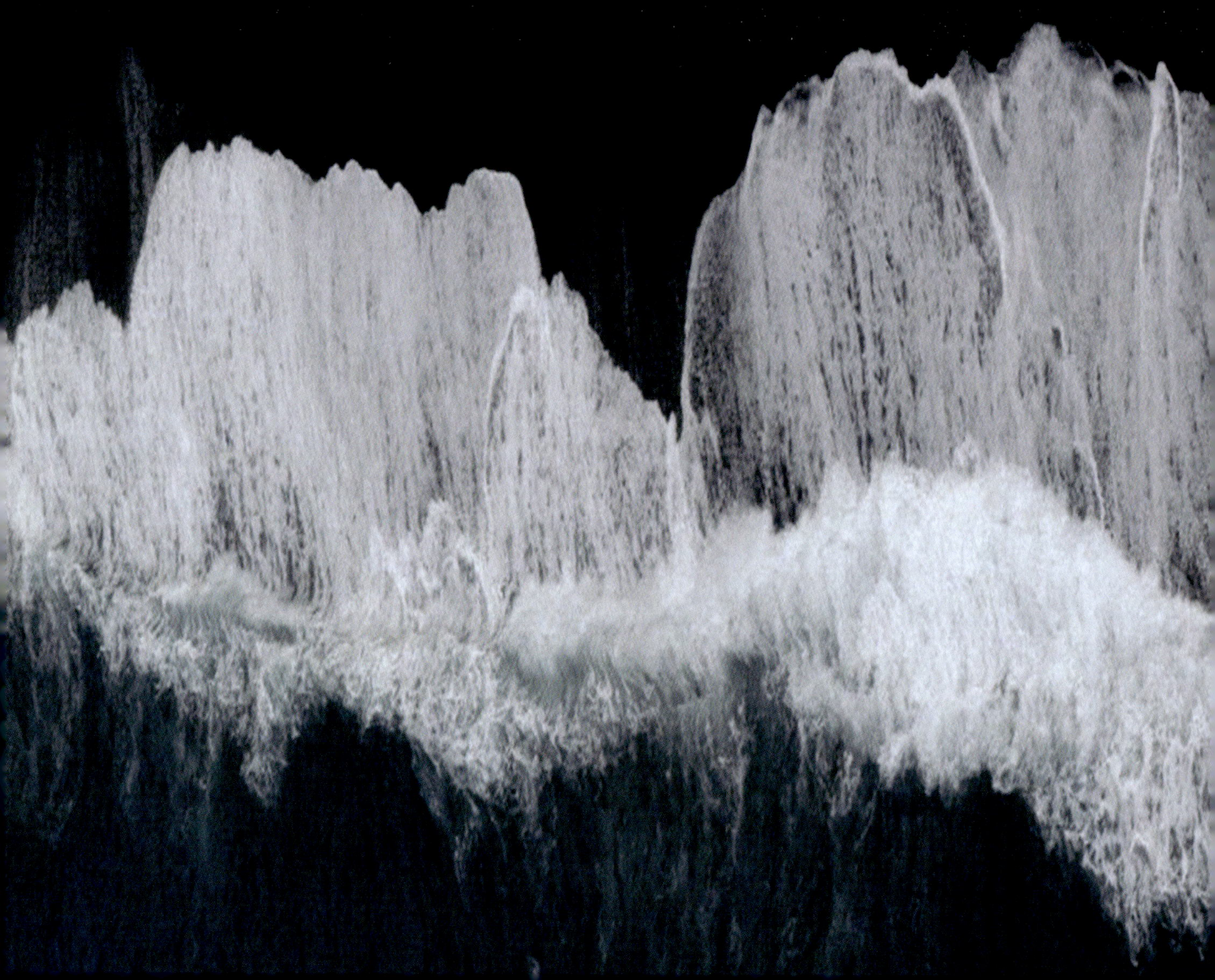

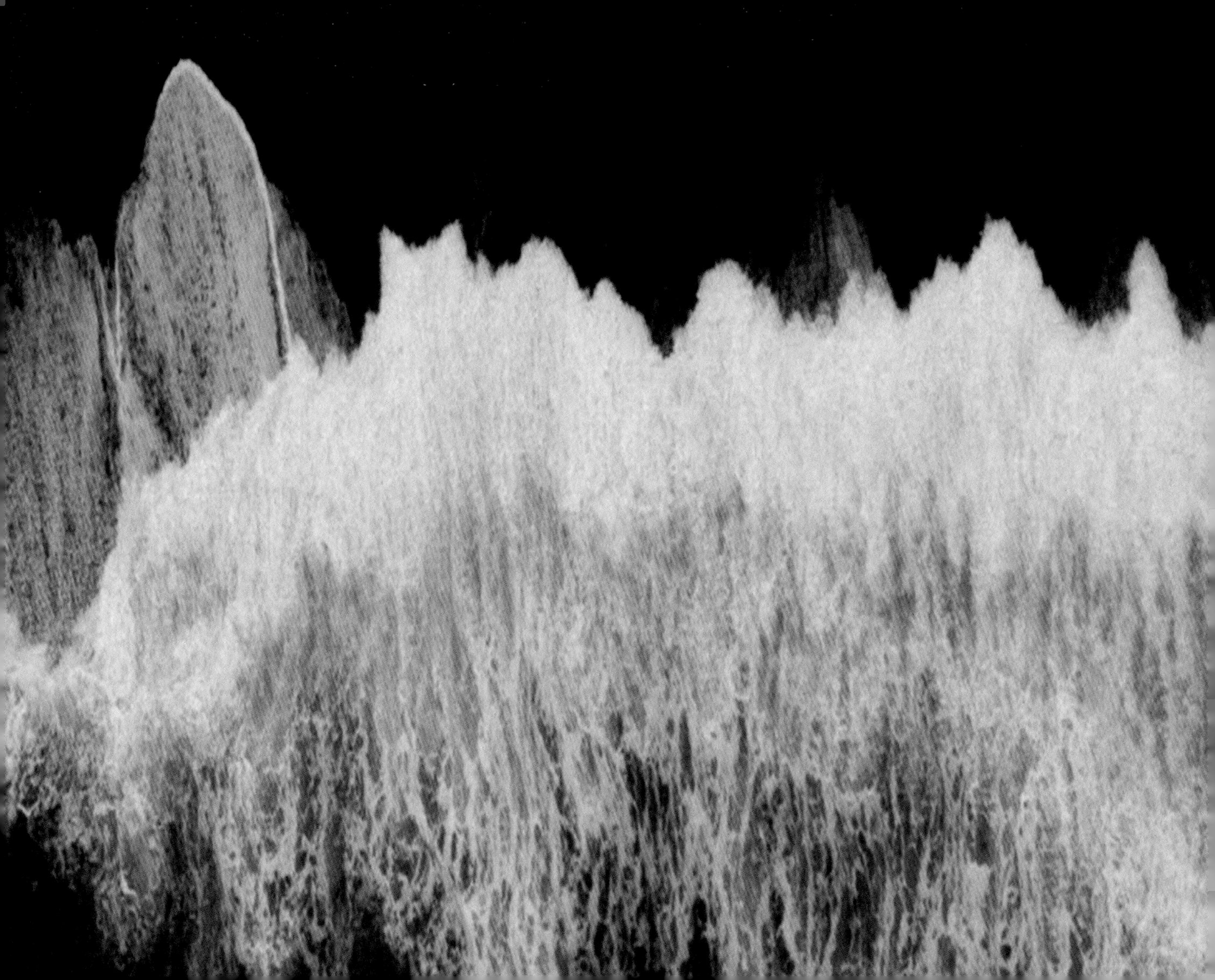

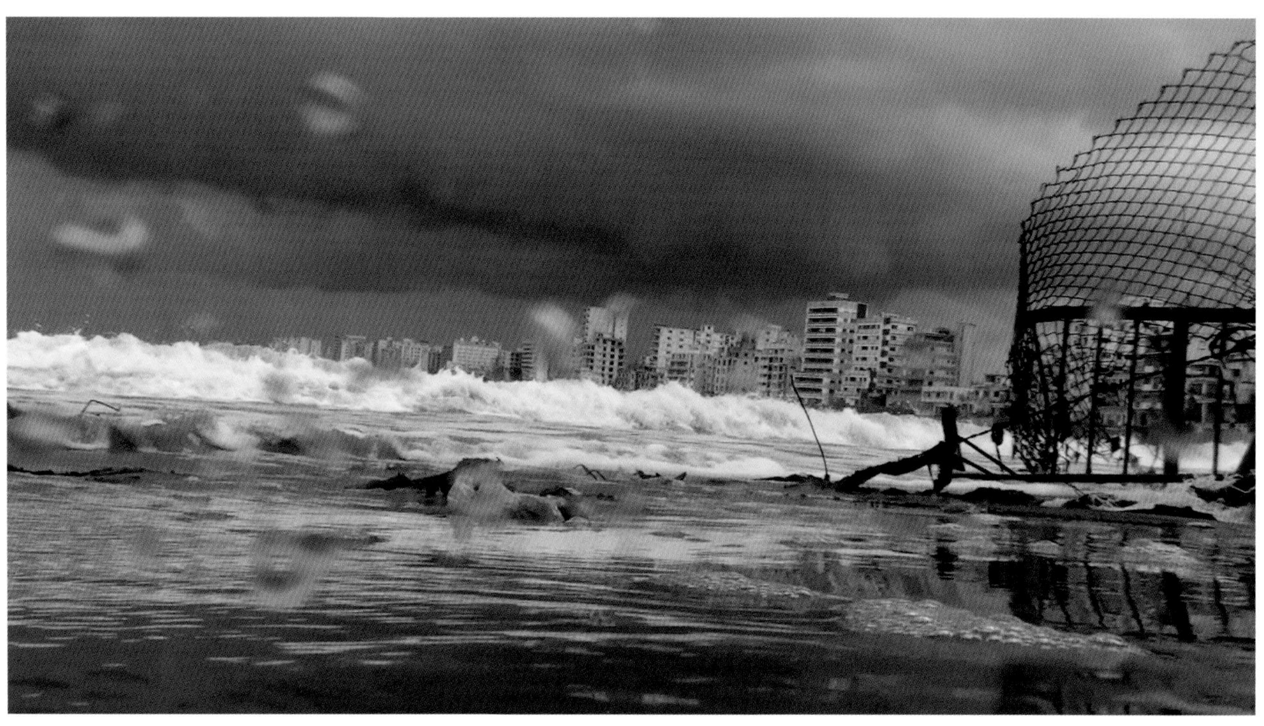

Marcel Dinahet, *Famagusta Varosha*. Project *"Suspended Spaces"*, 2009 (video stills)

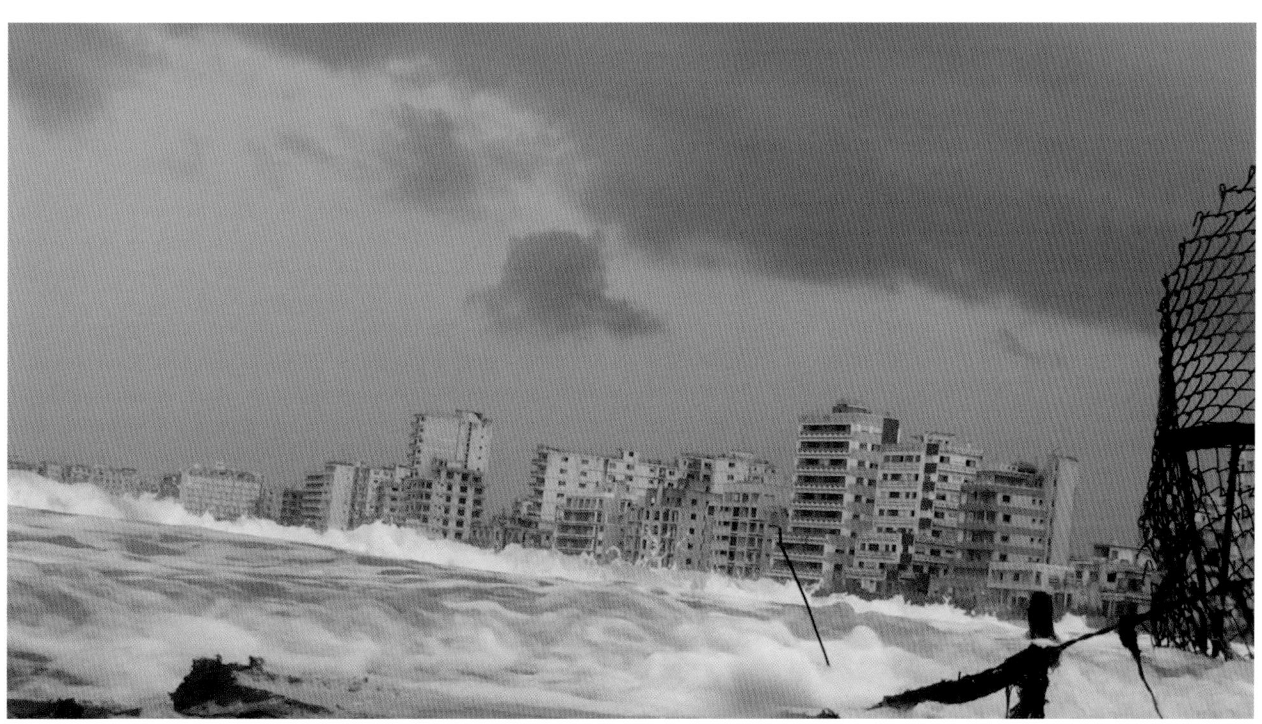

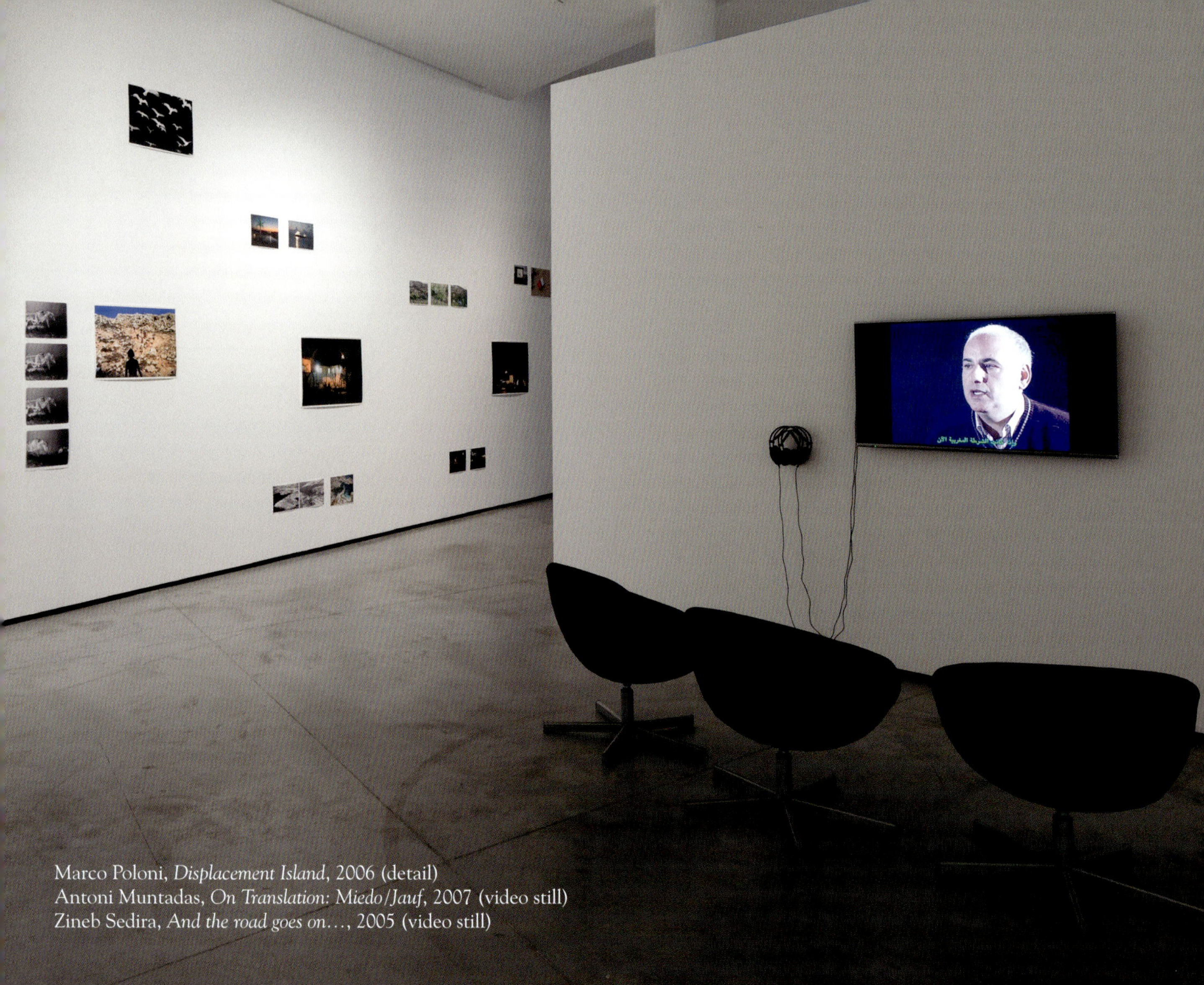

Marco Poloni, *Displacement Island*, 2006 (detail)
Antoni Muntadas, *On Translation: Miedo/Jauf*, 2007 (video still)
Zineb Sedira, *And the road goes on…*, 2005 (video still)

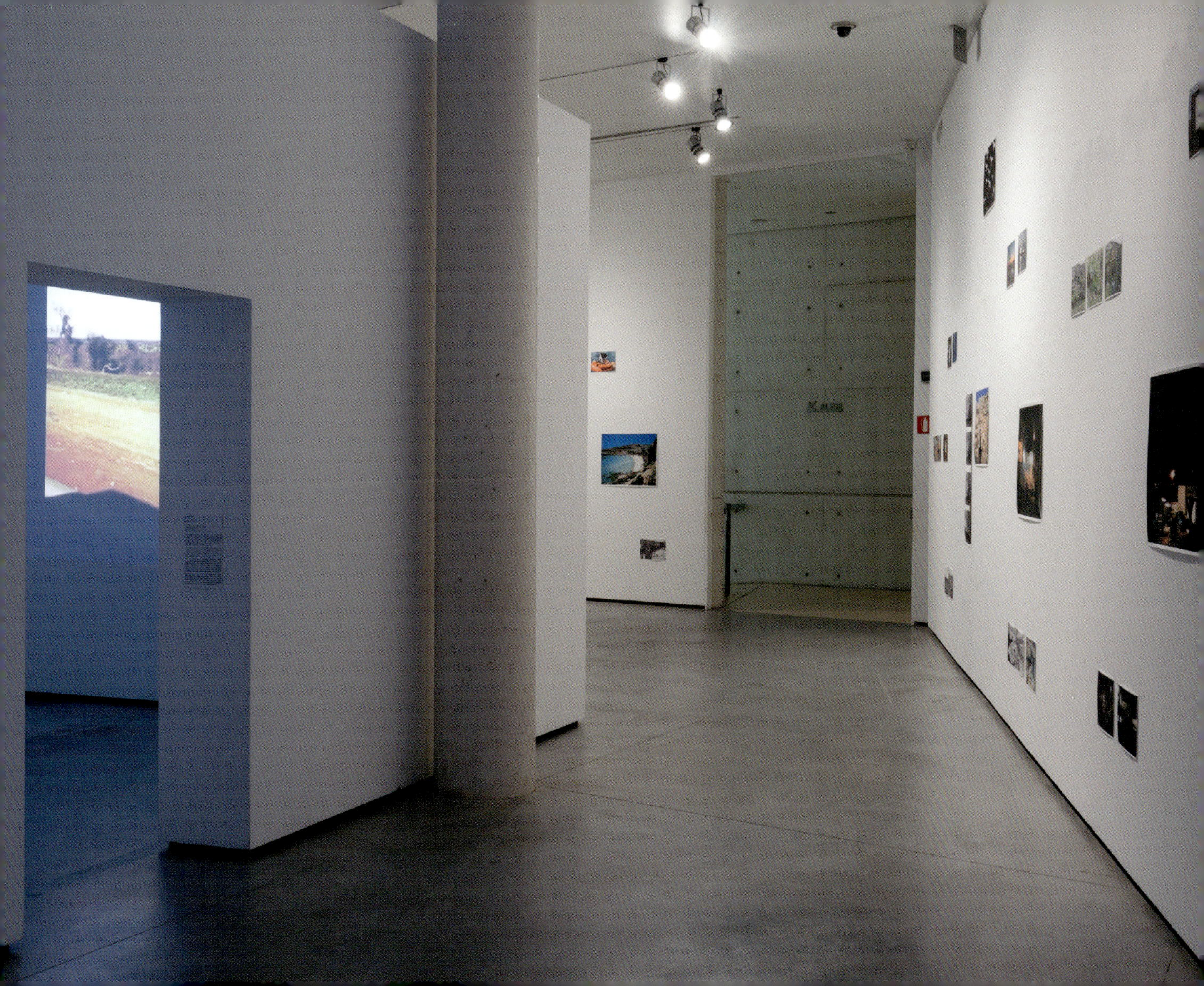

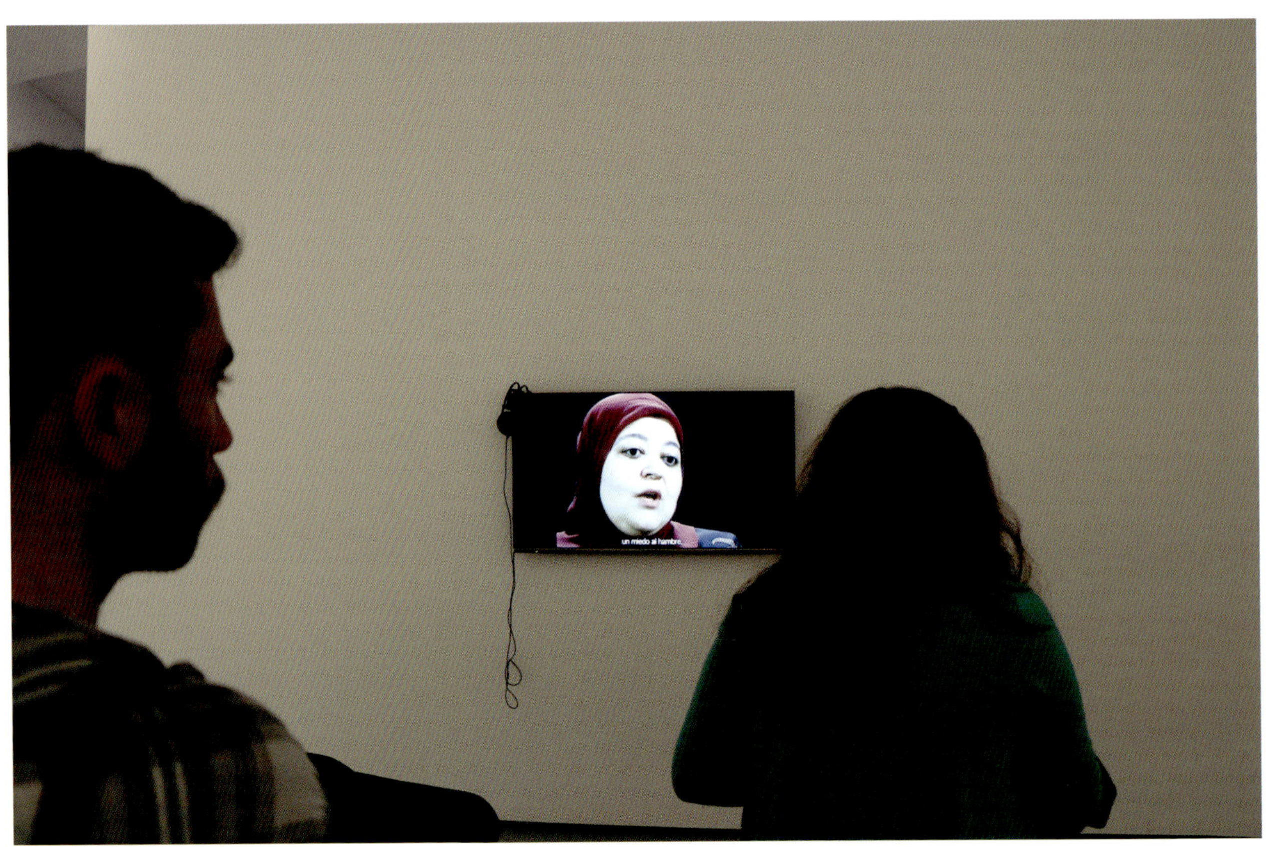

Antoni Muntadas, *On Translation: Miedo/Jauf*, 2007 (video still)
Ali Cherri, *Paysages tremblants (Alger)*, 2014

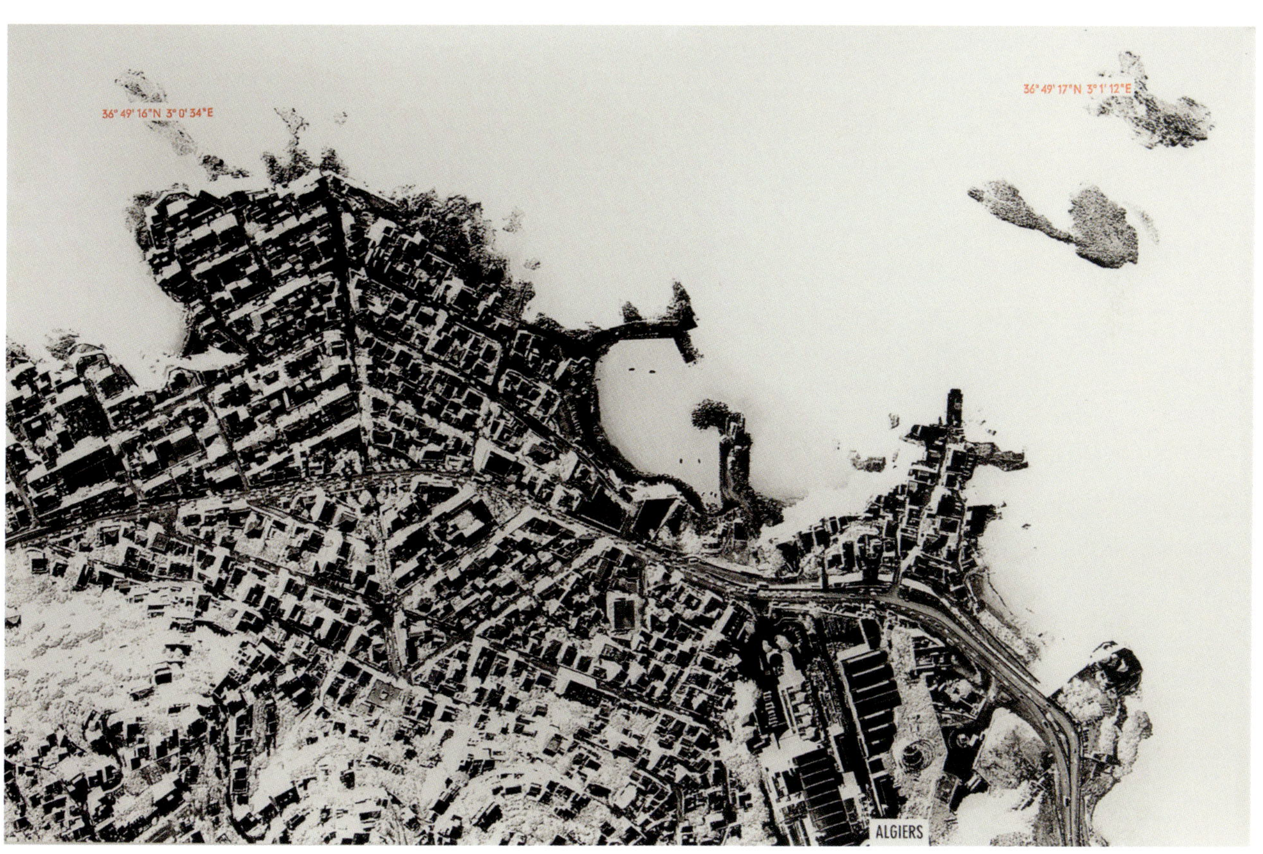

36° 49' 16"N 3° 0' 34"E
36° 49' 17"N 3° 1' 12"E
ALGIERS

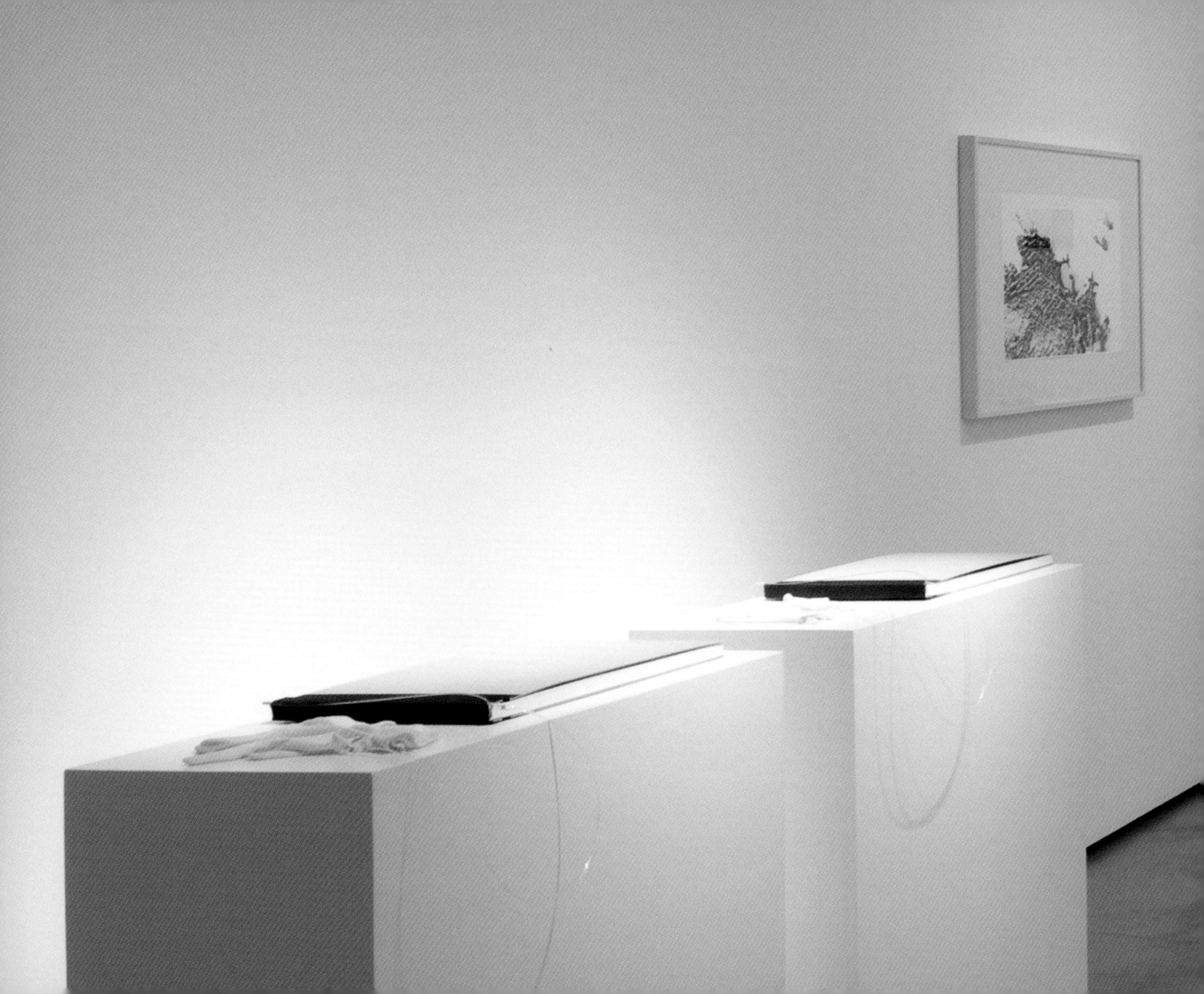

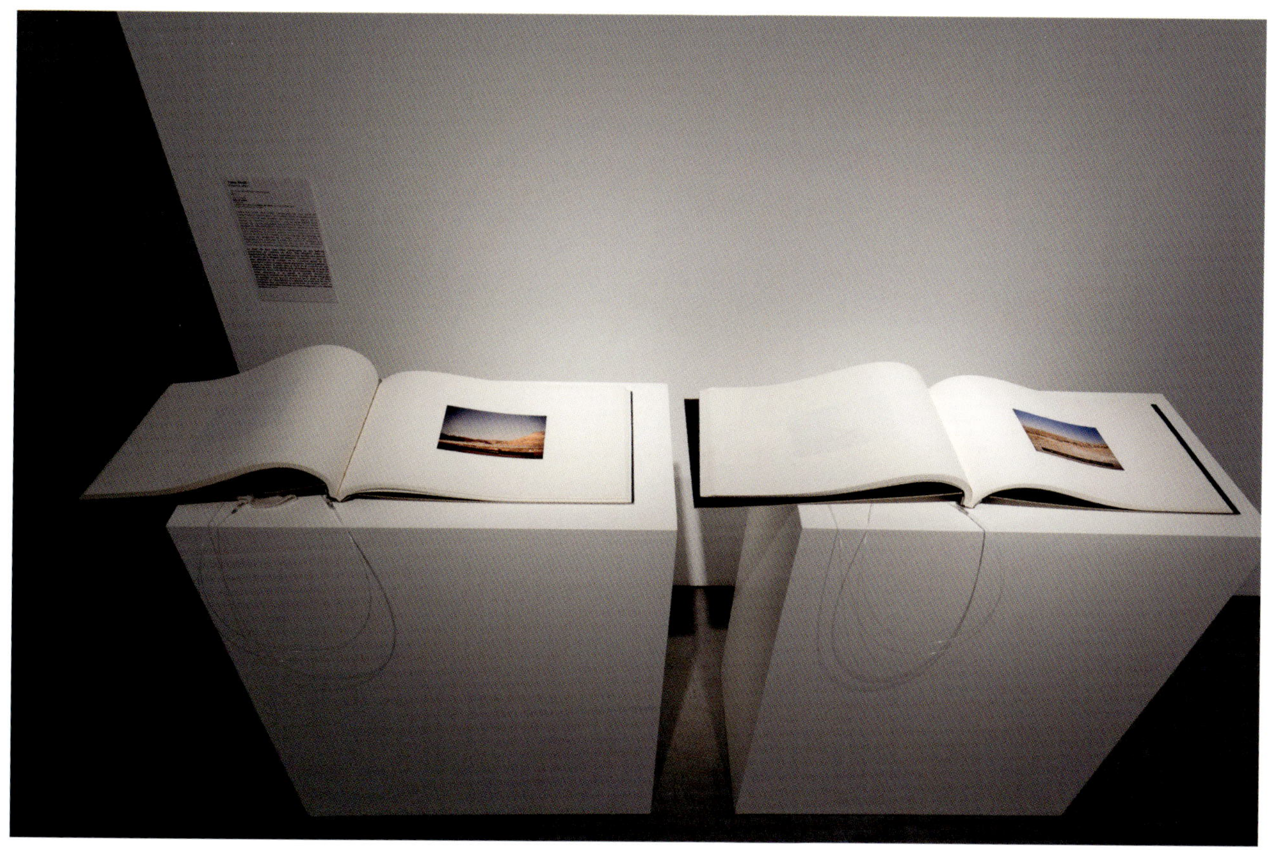

Yazan Khalili, *On Love and Other Landscapes*, 2011
Ali Cherri, *Paysages tremblants (Alger)*, 2014
Overleaf: Yazan Khalili, *On Love and Other Landscapes*, 2011 (detail)

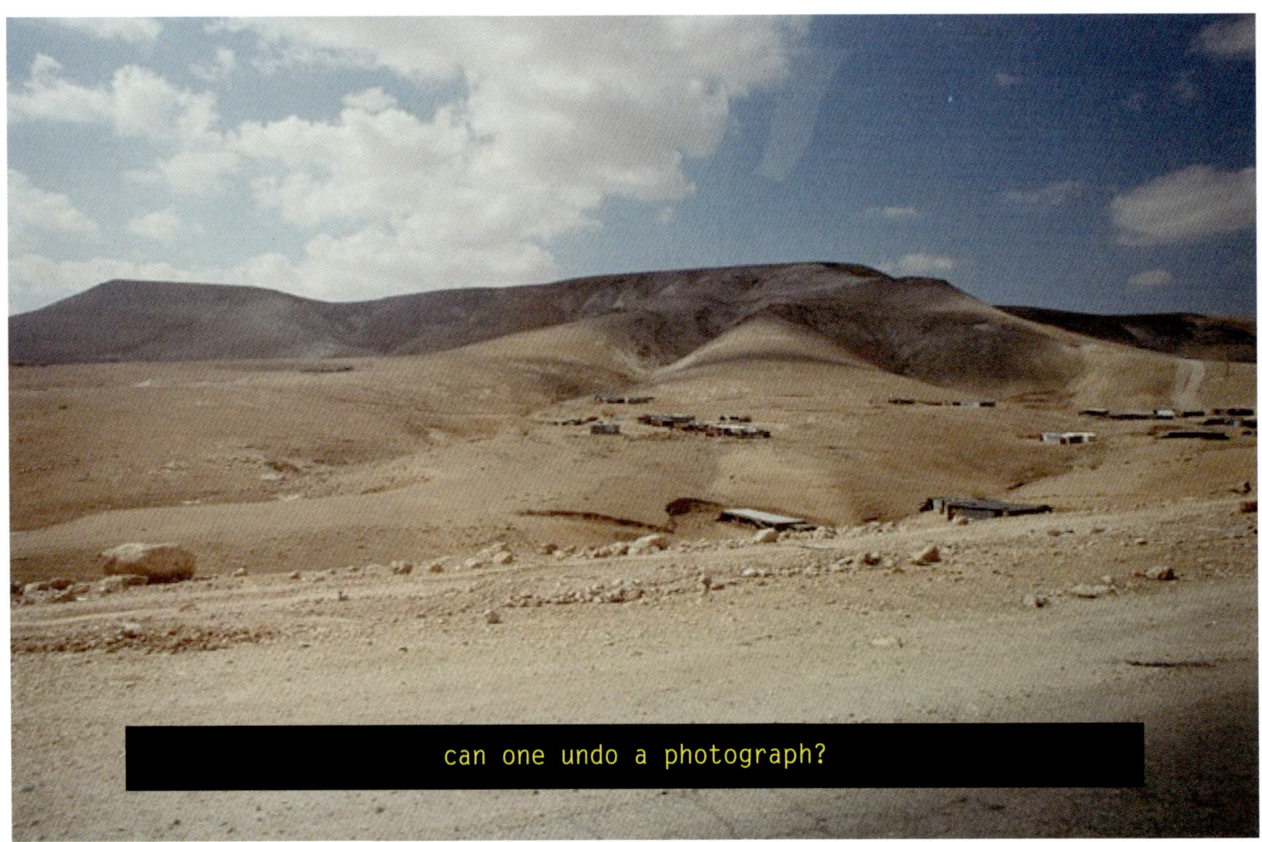
can one undo a photograph?

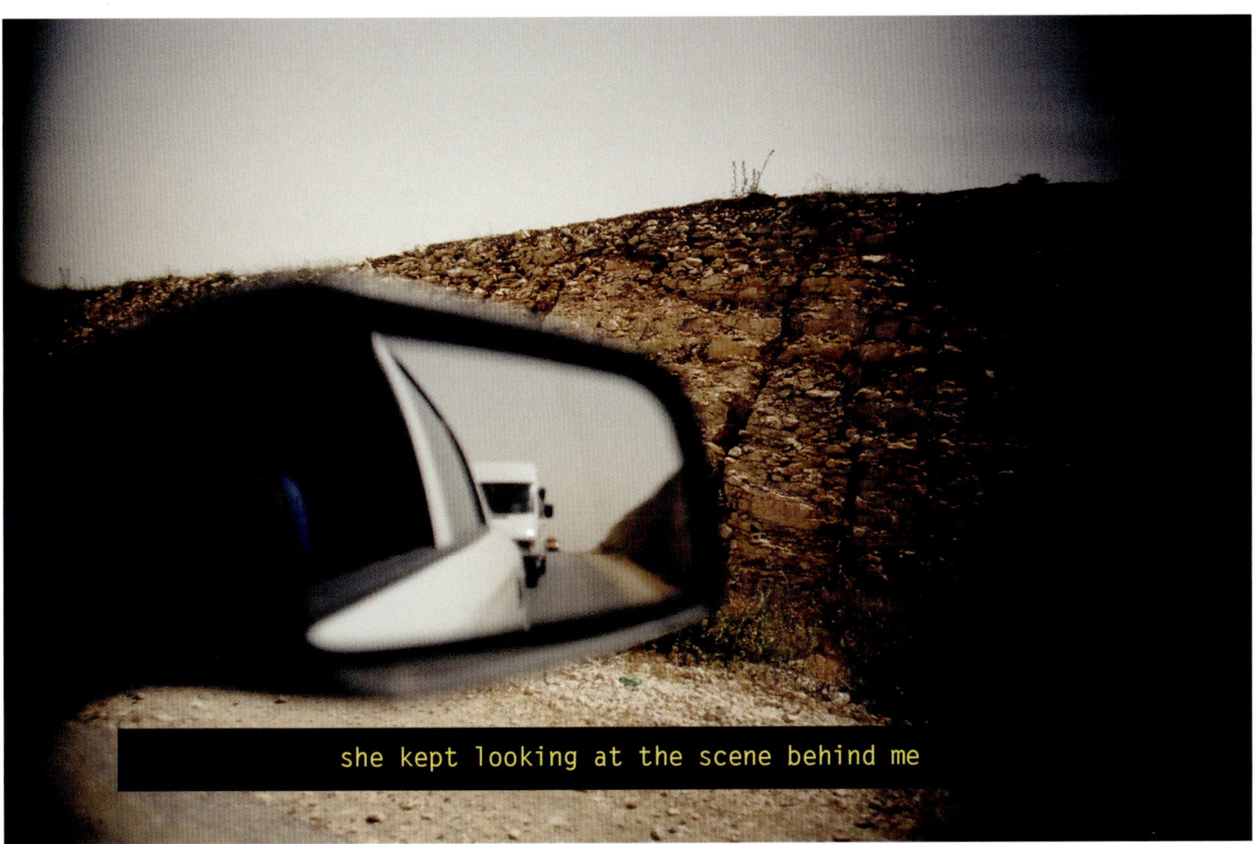

she kept looking at the scene behind me

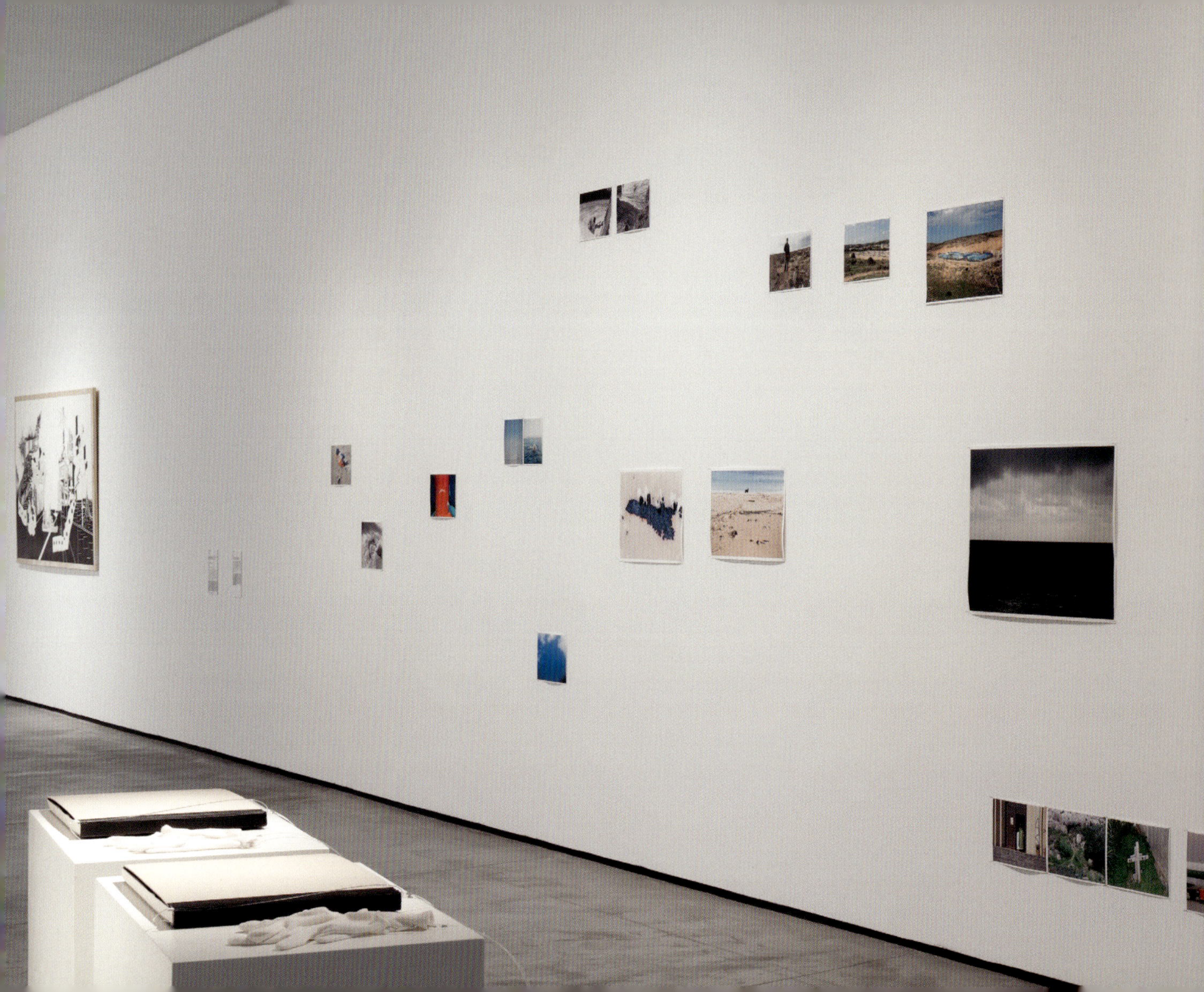

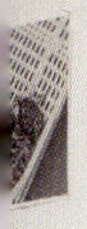
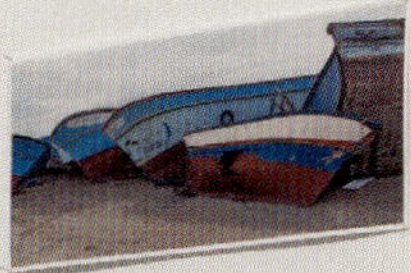
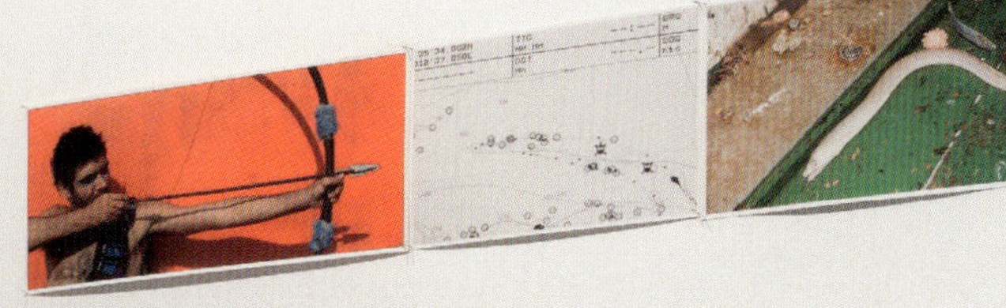
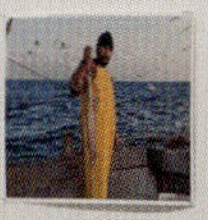
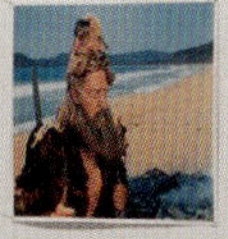
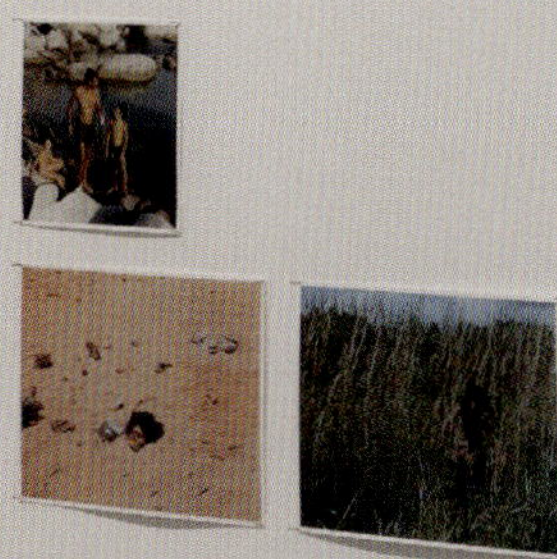

Yazan Khalili, *On Love and Other Landscapes*, 2011
Left: Chourouk Hriech, *Dépasser les murs*, 2015 (detail of *Painting's window n° 2*)
Marco Poloni, *Displacement Island*, 2006 (detail)

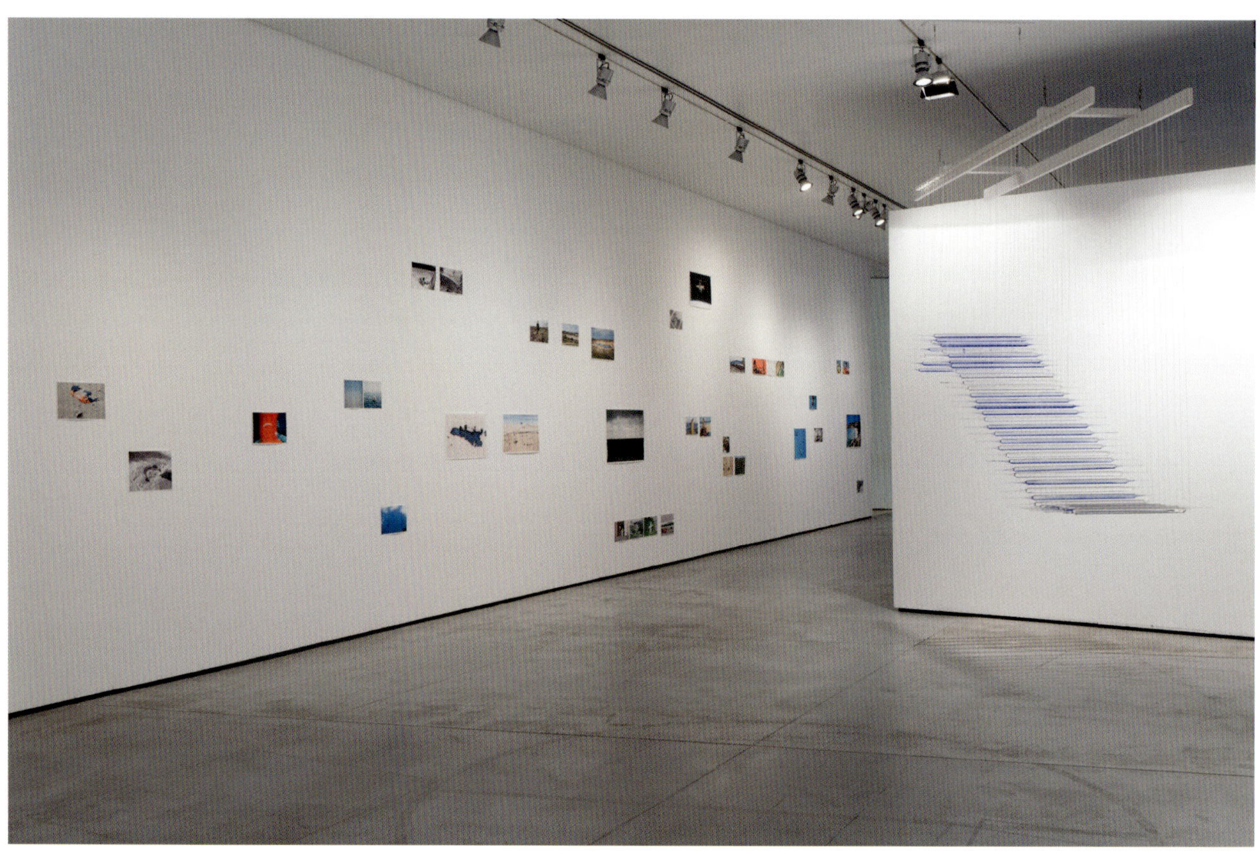

Marco Poloni, *Displacement Island*, 2006 (detail)
Lara Fluxà, *a-Nivellaments*, 2011

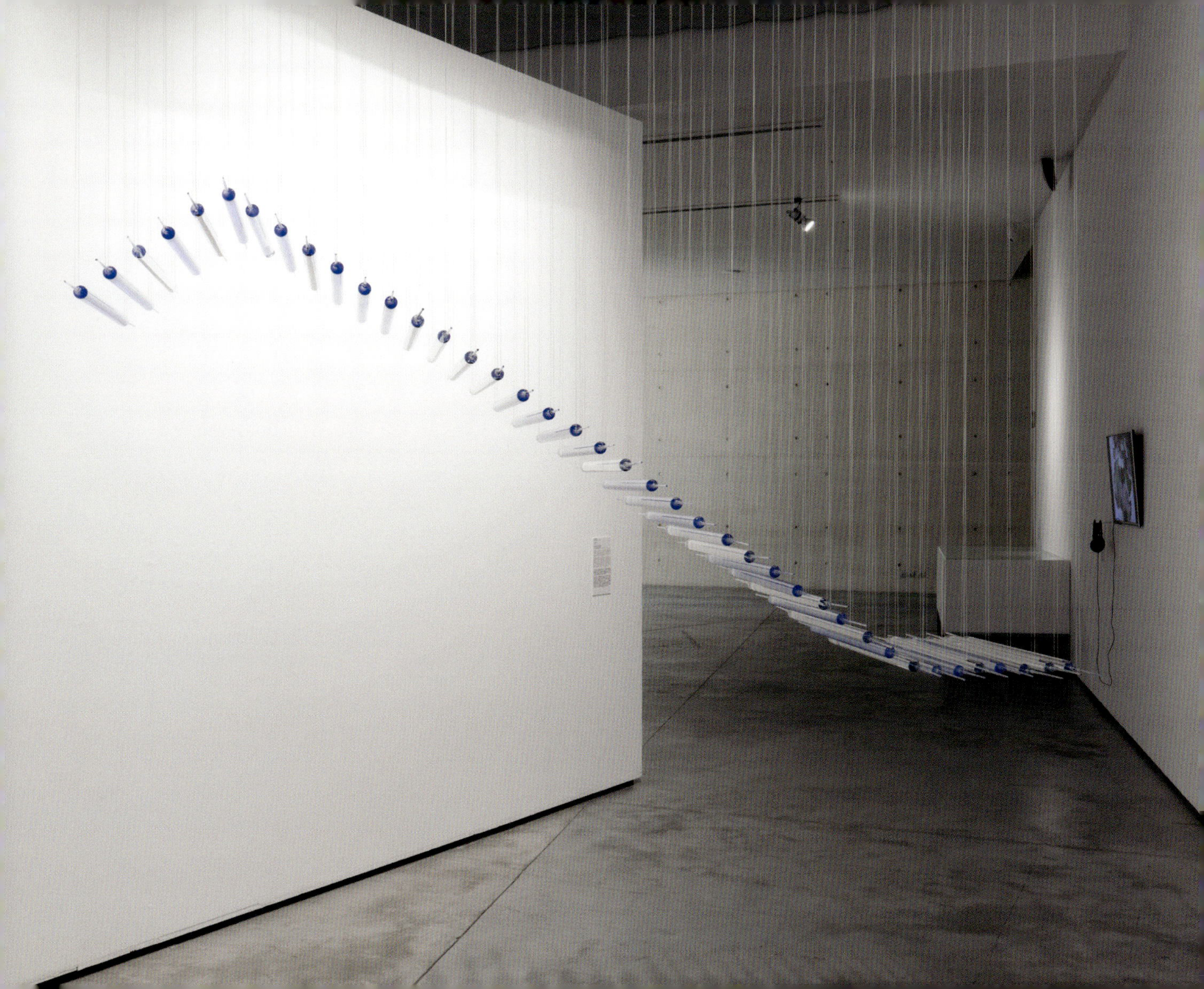

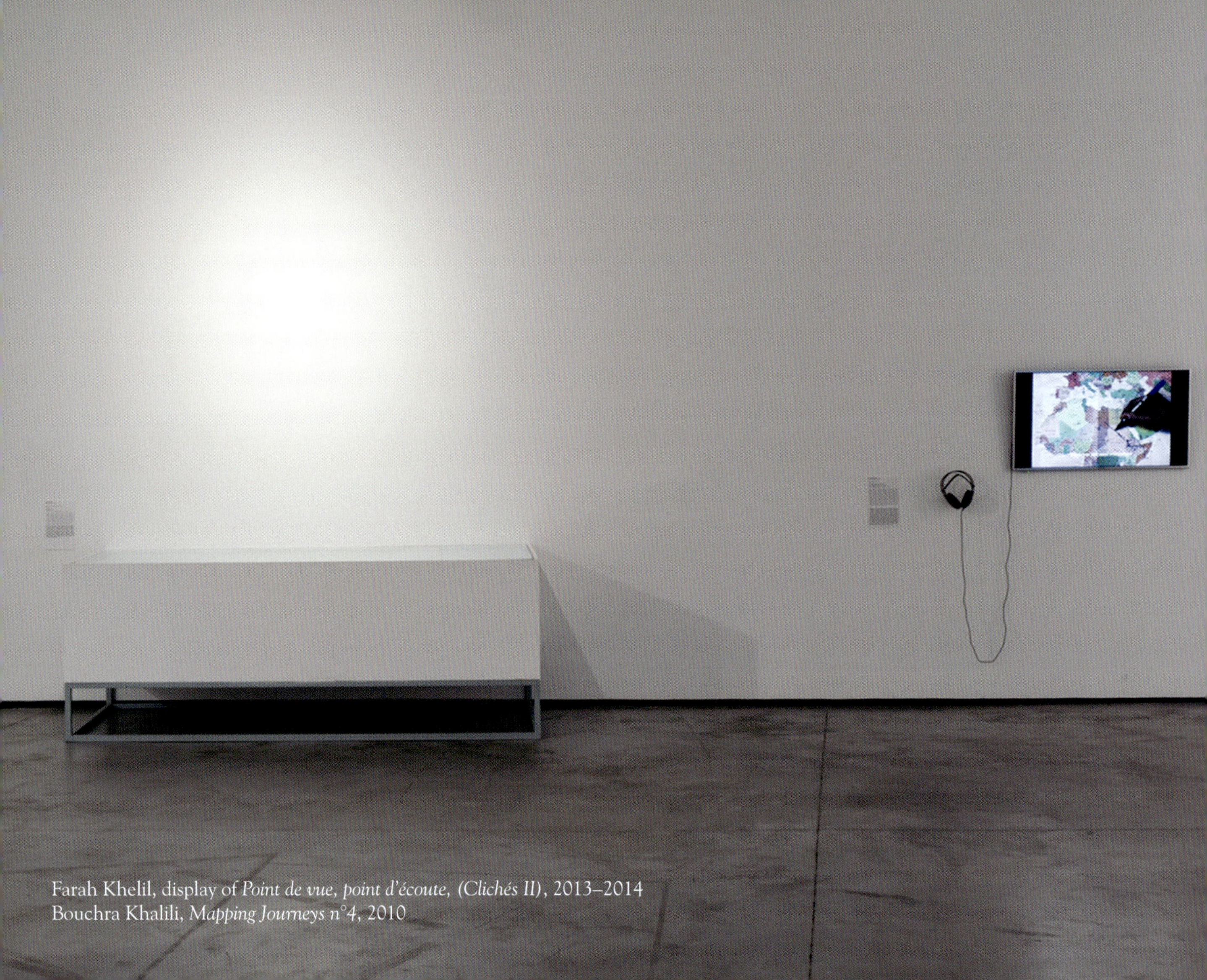

Farah Khelil, display of *Point de vue, point d'écoute, (Clichés II)*, 2013–2014
Bouchra Khalili, *Mapping Journeys n°4*, 2010

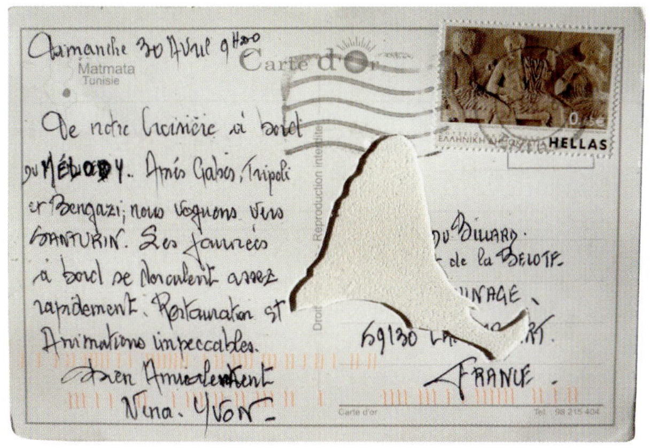
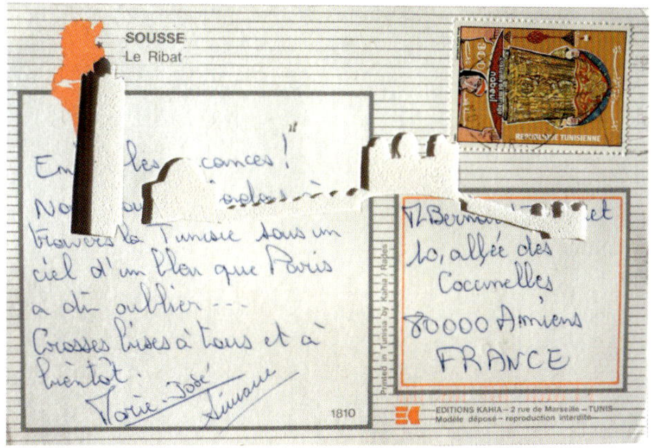
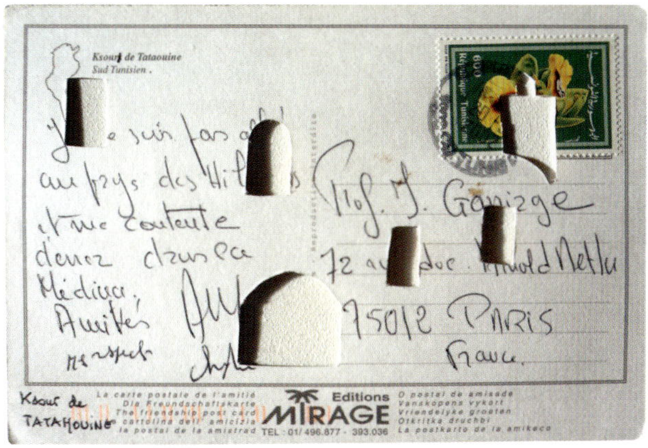
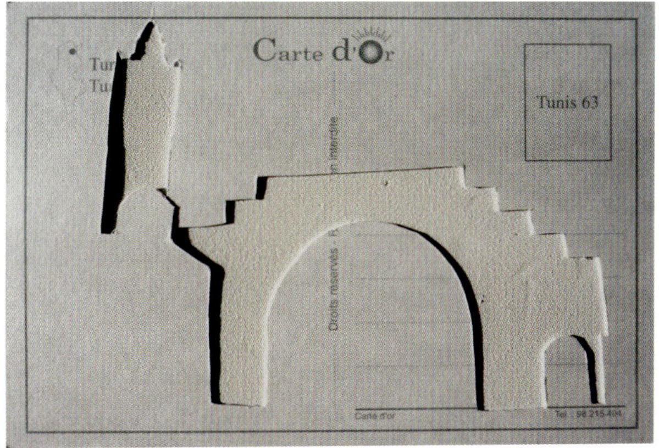

Farah Khelil, *Point de vue, point d'écoute, (Clichés II)*, 2013–2014 (details)

Yorgos Zois, *Casus Belli*, 2010 (video still)

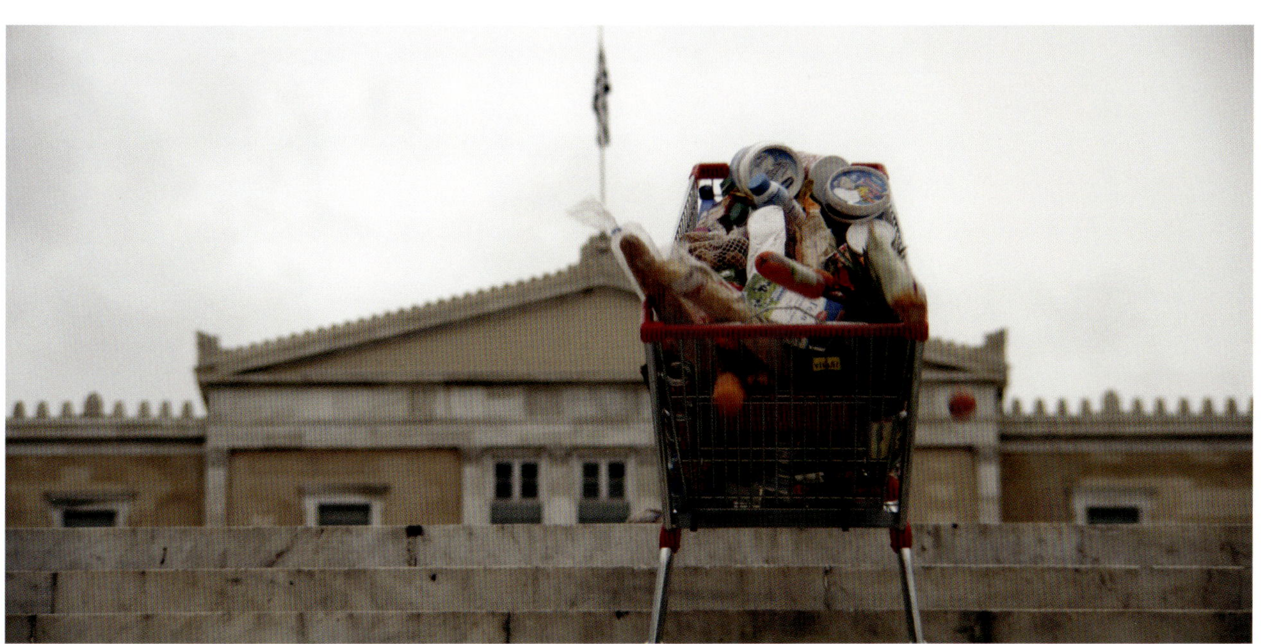

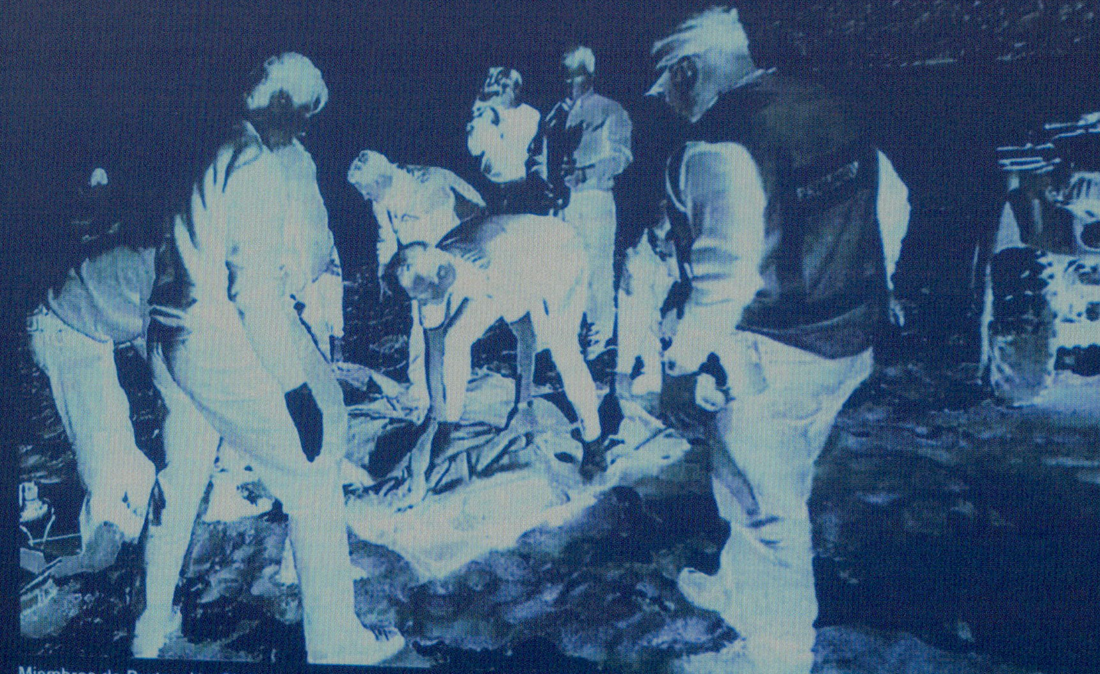

Rogelio López Cuenca, *Calor humano*, 2008 (video still)

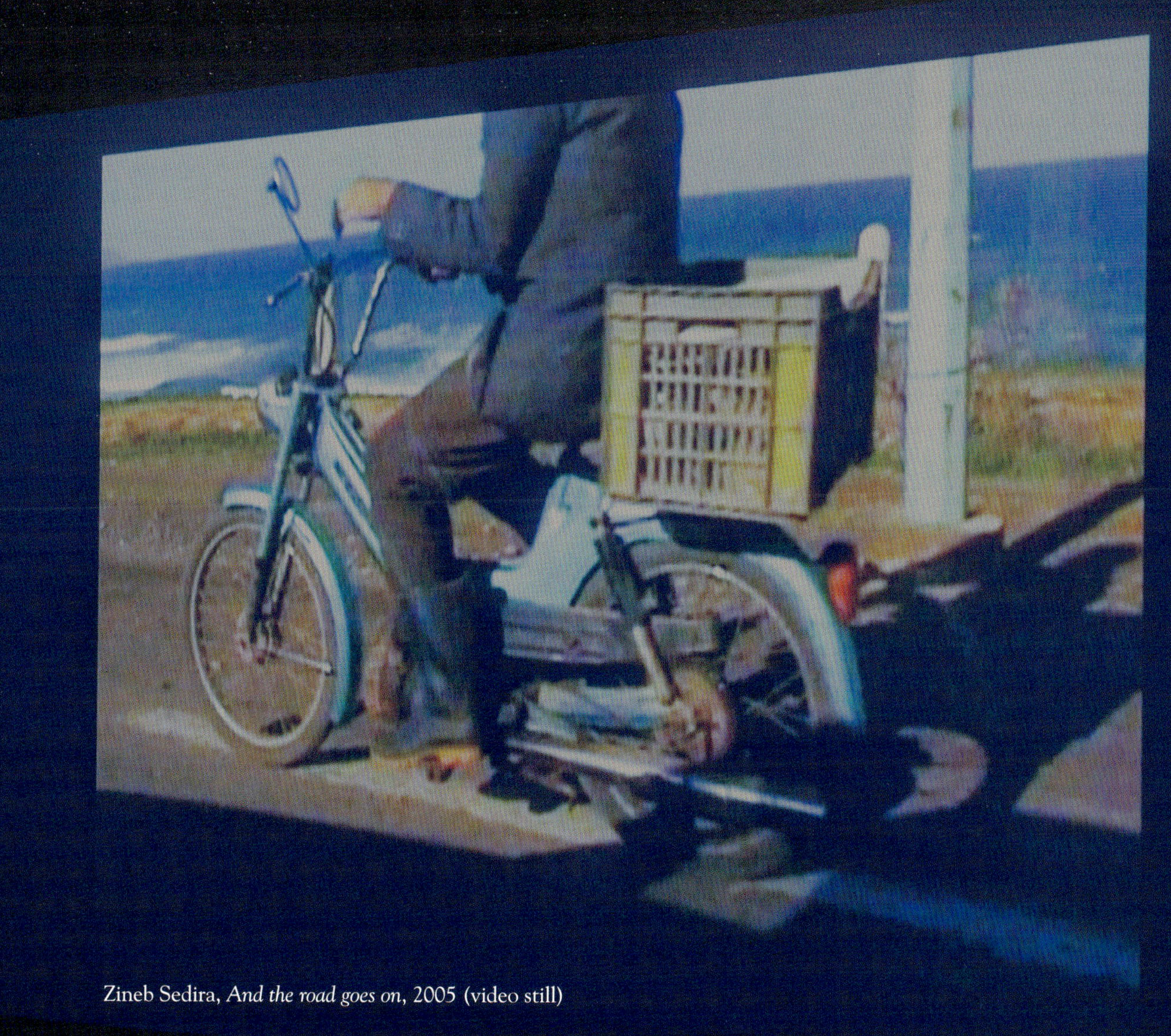

Zineb Sedira, *And the road goes on*, 2005 (video still)

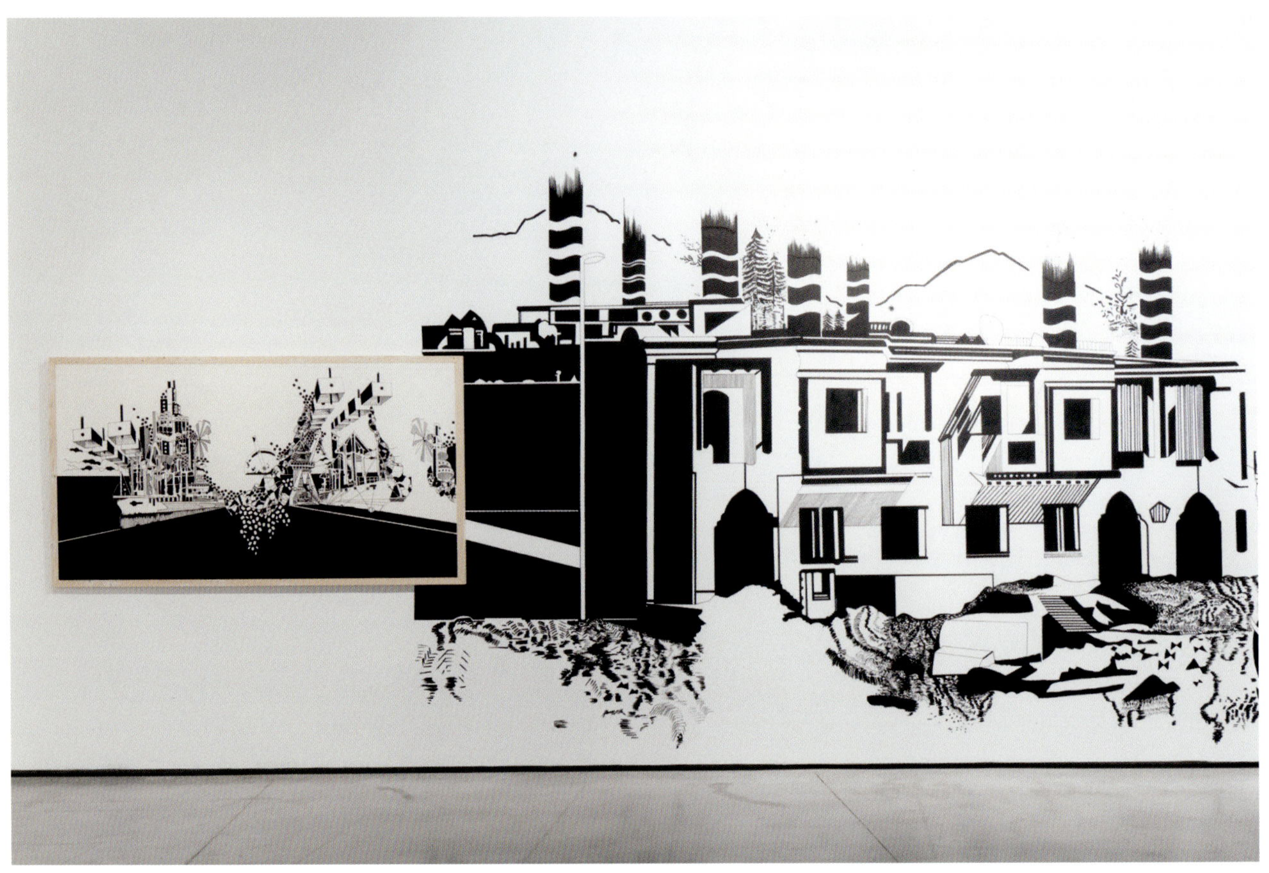

Chourouk Hriech, *Dépasser les murs*, 2015 also overleaf
On the left: Chourouk Hriech, *Painting's window, n°1*, 2010

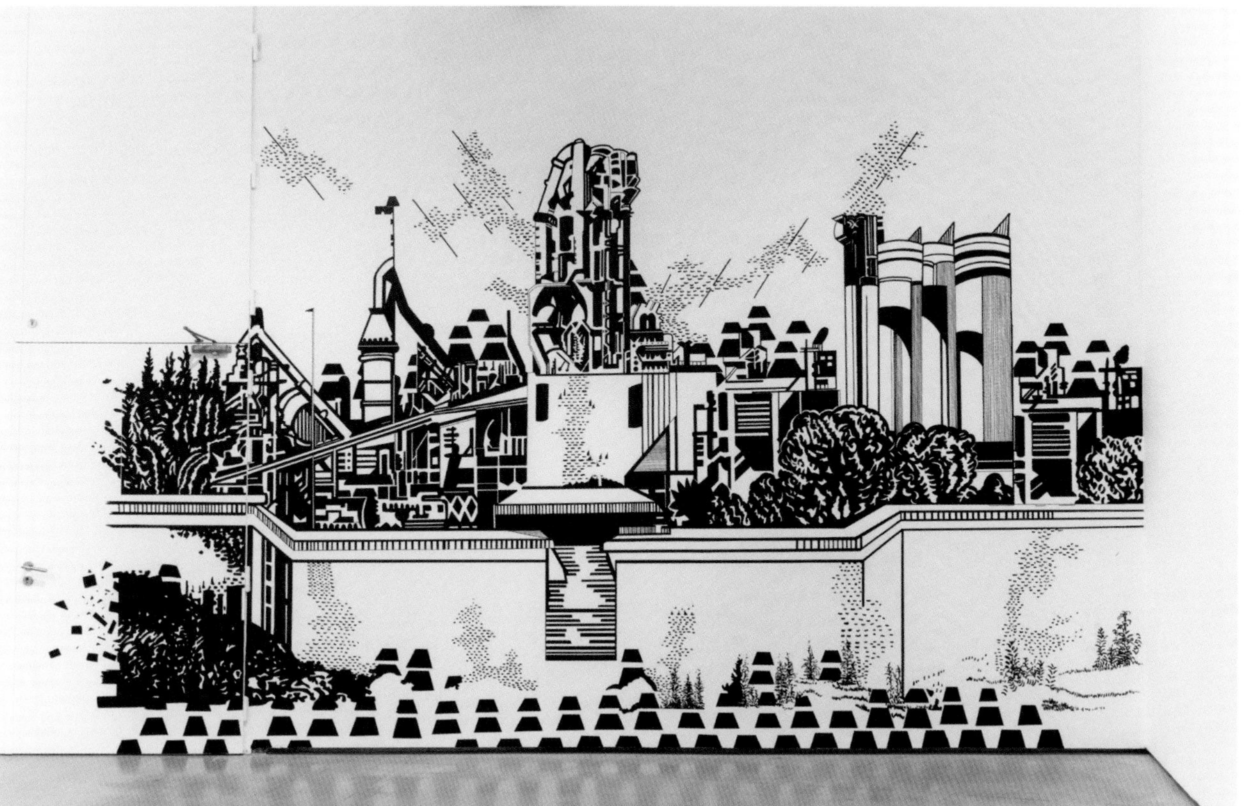

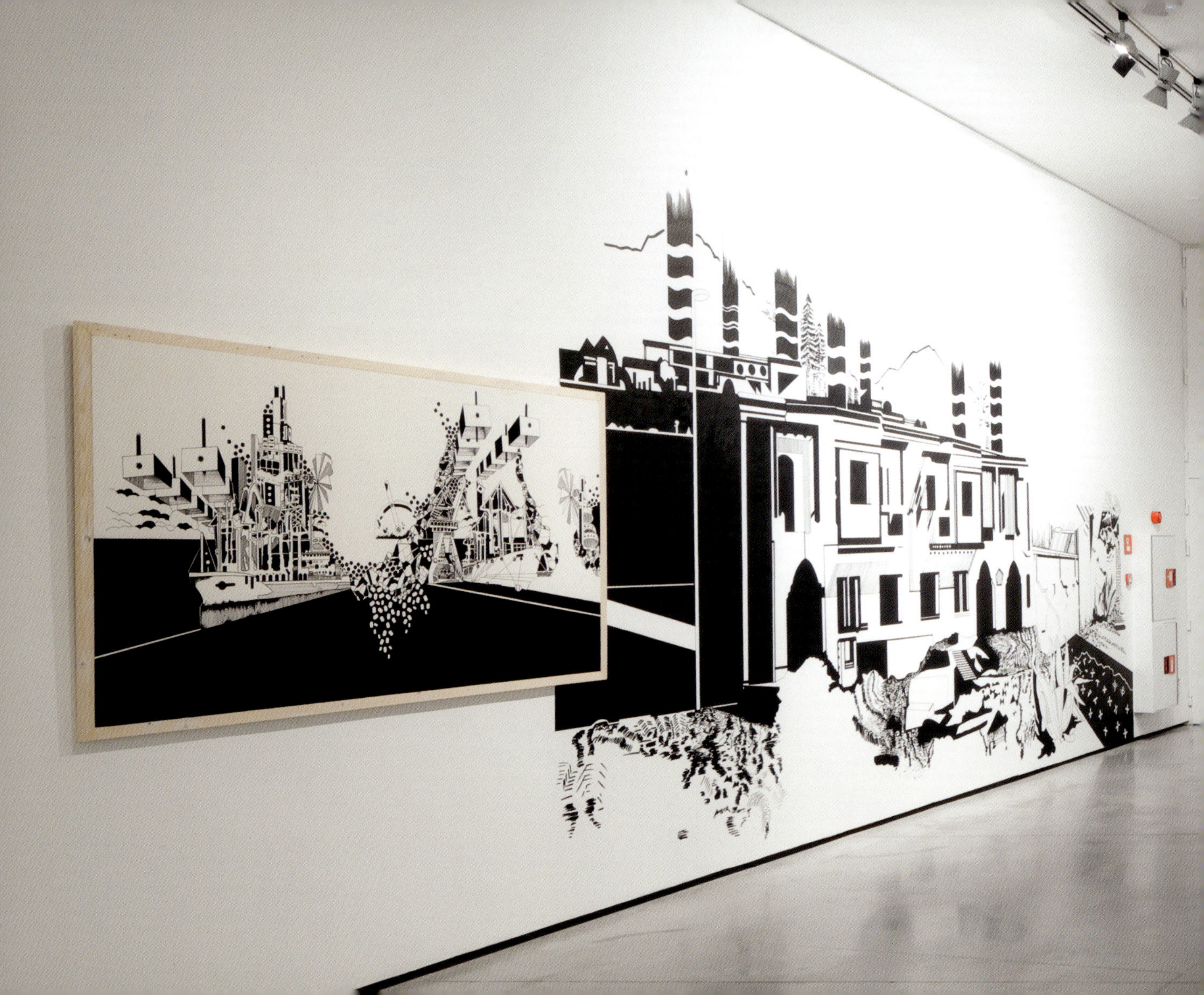

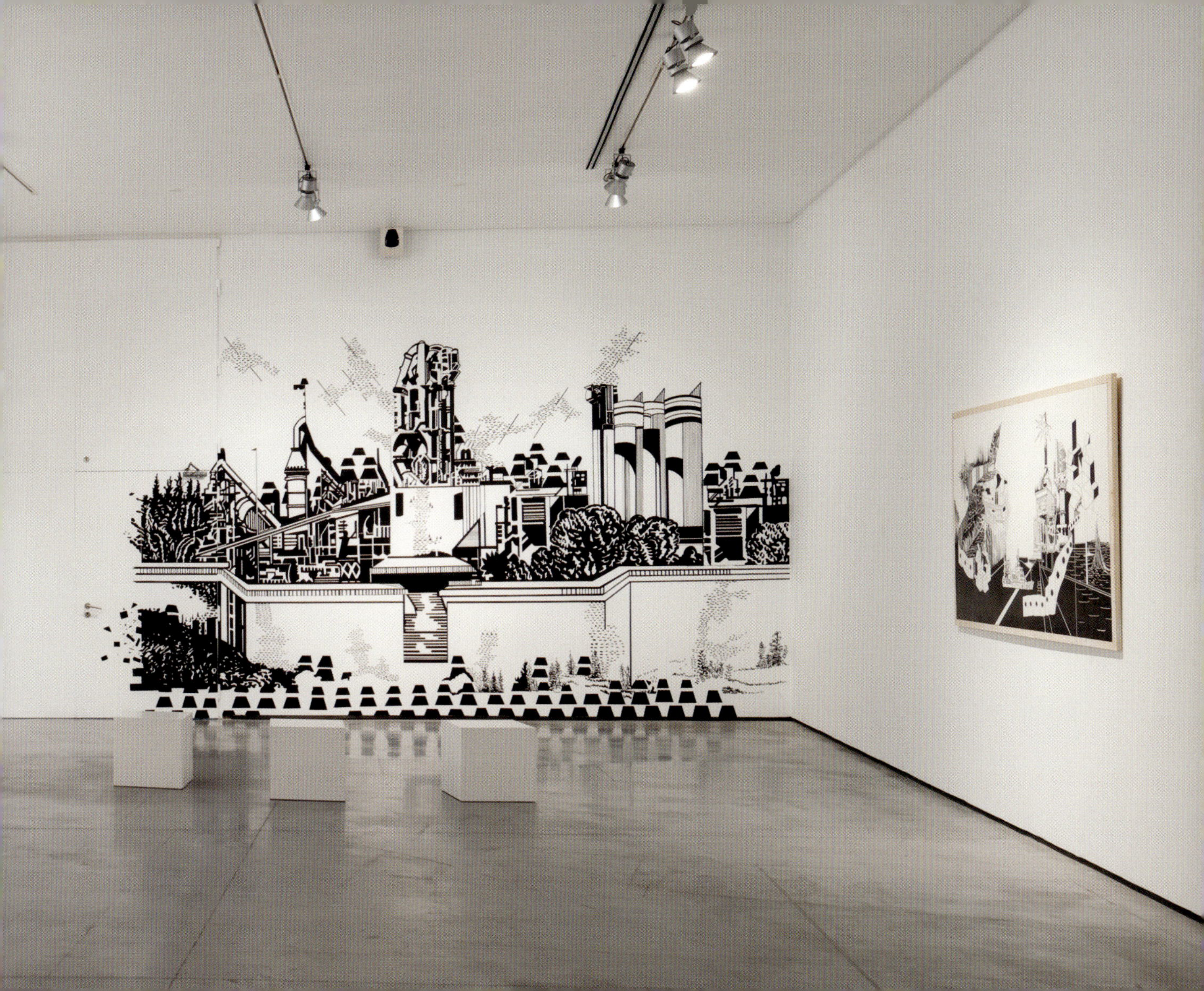

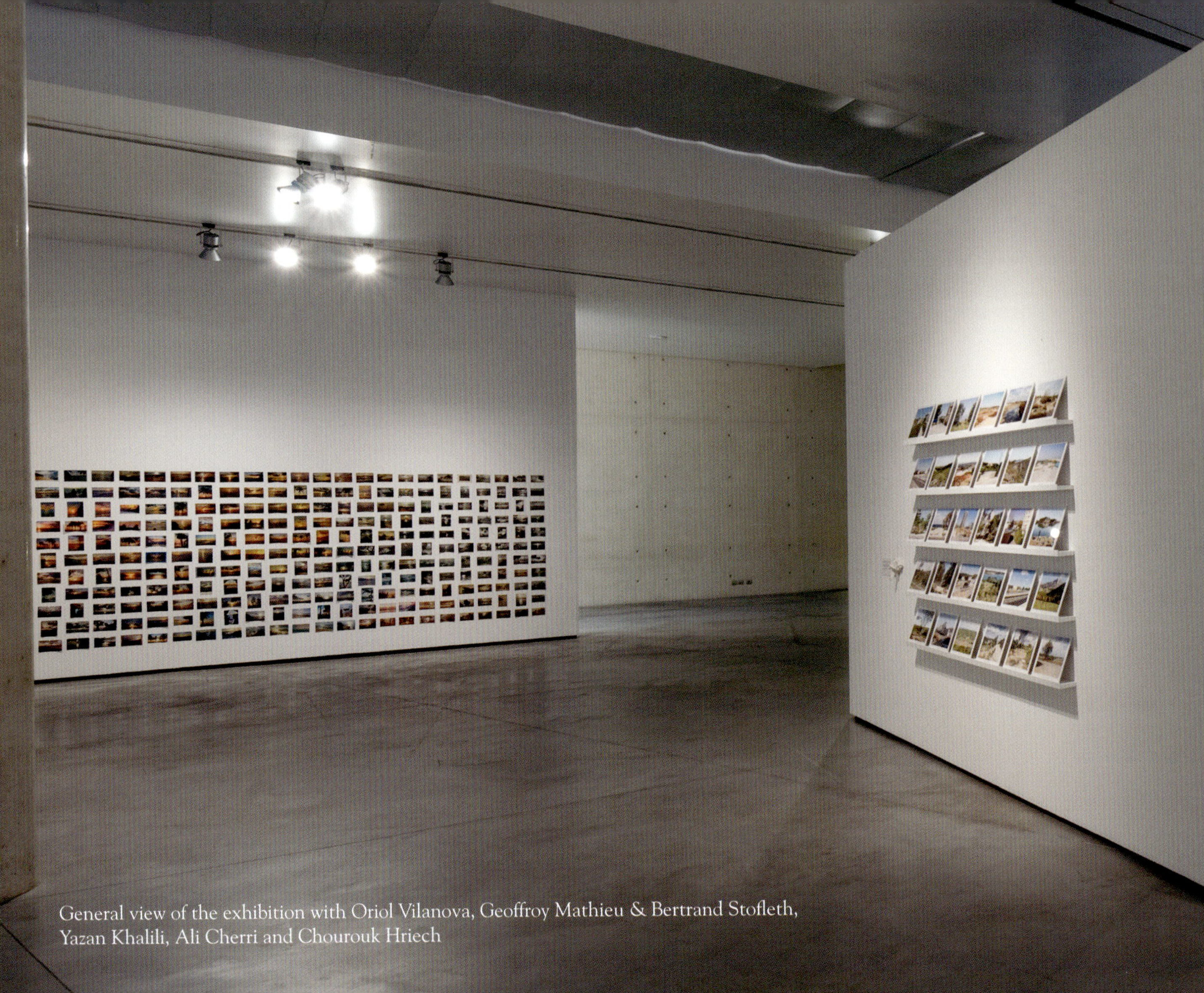

General view of the exhibition with Oriol Vilanova, Geoffroy Mathieu & Bertrand Stofleth, Yazan Khalili, Ali Cherri and Chourouk Hriech

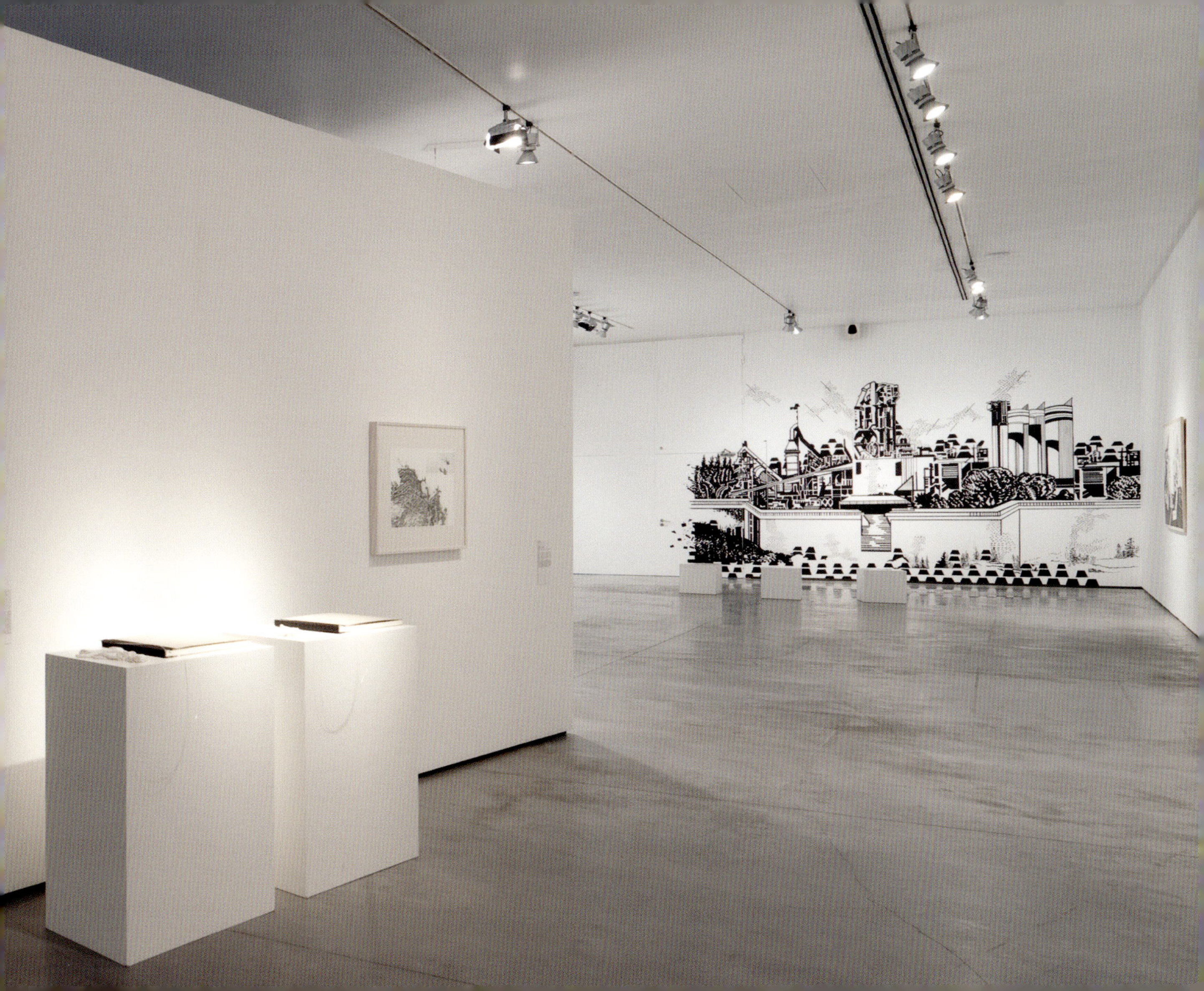

The Sea in the Midst of the Lands // Mare Medi Terraneum

The Mediterranean, etymologically speaking the "mare midi terra", or "the sea in the midst of the lands"[1], is presented as an apparently closed basin, which actually opens up to the west via the Strait of Gibraltar. A space that has always been at a cross-roads of cultures – Mesopotamian, Carthaginian, Berber, Semitic, Persian, Phoenician, Greek and Roman – and a cradle for religions: Judaism, Christianity and Islam. Moreover this sea was and is the economic and cultural base of incipient nations favored by the maritime interchanges that enabled the supremacy of the so-called Western civilization. Regions of diversity, which question the idea of fron-tier, transforming the models of identity and political figures that emerged from revolutionary events.

Not a day goes by without the Mediterranean being referred to as a drama and not as a partici-pative or cultural space along the lines reflected in advertising leaflets. Long gone is the Mediterranean of Braudel, his wonderful descriptions of landscapes have turned into tourist destinations and the Balearic Islands are no exception. Because of its location and insularity, Palma de Mallorca lies at the heart of this western and eastern sea, the accesses to which gener-ate equal amounts of attraction and rejection towards an increasingly protectionist contemporary Europe.

The aim of this curatorial project is not to illustrate the area around this sea, but to offer a profound reflection on these regions whose history stretches back over thousands of years, proposing that we become potential actors in a natural evolution and new cultural development that has taken place in the Mediterranean context. This complex climax of situations privileges reasoned observation, knowledge and negotiation, which are still the essential driving forces behind encounters between worlds that are ignorant of one another and which reveal themselves in these waters. Whilst the Mediterranean is the largest cemetery in the world, the density of fluvial and economic interchanges generates losses and profits and their ecological, economic, political and social consequences are accelerating at a frenzied pace.

The exhibition "The Sea in the Midst of the Lands // Mare Medi Terraneum" contemplates the entire coast of the Mediterranean as a living being, both for those who live on it and those who pass through it. The experience of this exhibition allows us to look towards issues that have scarcely been debated, such as disillusionment in European poli-tics, the Arab spring and environmental, industrial and tourism legacies. The language of the artists

selected seeks to return a certain dignity to people through the strength of observation and imagery and their everyday actions.

The incessant swaying of the flow of images in the video by *Ange Leccia* shows the indefinite nature of these waters in constant movement. From the gaseous to the solid state, the coast marks the limit between the dry and the wet, the balance and the imbalance that are analyzed by *Lara Fluxà*, whose investigations focus on elements that mainly characterize the sea, its nuances of instability and the salinity of its waters, ontologically questioned by the artist. One cannot grasp water in one's hand, it is the anti-form by excellence, and the anti-form, or the amorphous, is the idea that one has already taken all possible forms.

The tourist inside of us suffers the ecological and political interferences while at the same time sustaining these contradictions. If we observe the misery and injustice of the worlds that co-exist, we cannot fail to verify the underlying friction there is in Lampedusa or Cyprus, as represented in the photo-montage of *Marco Poloni* or seen in the video by *Marcel Dinahet*, who has violated the forbidden lands of northern Europe, in Cyprus, where territorial disagreements give rise to unbearable situations involving both candidates for emigration and those indigenous to the coasts of southern Europe, victims of Europe's inability to resolve their borders with its neighboring countries. Marco Poloni's large installation is composed of 60 images, half of which were found from cinematographic references such as Buñuel's *Robinson Crusoe*, Rossellini's *Stromboli*, scientific images and images taken from Google Earth.

Hervé Paraponaris, from the "M.U." series, *Sentence-Le prix du danger*, and *Sentence-Le poids de l'effort*, 2014

Also, seen from the African continent, for decades now a considerable number of people have been "risking their necks". In the form of conversations, the artist *Antoni Muntadas* has expressed what fears are made of, the explicit and implicit personal motives of people in their desperation, people who in some cases are also relatives of the *harragas*[2]. The main characters, which can no longer find their dignity, discreetly express their bewilderment.

Approached from another perspective, *Rogelio López Cuenca* also shares with us, using infrared cameras, those same feelings of terror that seize the "undocumented" on their Odyssean dream towards more merciful lands like Spain, a stone's throw away from the European El Dorado[3]. On another scale, that same gut feeling of fear is that caused by the recurrent

El mar en medio de las tierras // Mare Medi Terraneum

El Mediterráneo, etimológicamente "mare midi terra", el mar en medio de las tierras[1], se presenta como una cuenca aparentemente cerrada que en realidad se abre al oeste por el estrecho de Gibraltar. Un espacio que ha permanecido siempre en el cruce de culturas – mesopotámica, cartaginesa, beréber, semítica, persa, fenicia, griega y romana – y ha sido cuna de religiones: judía, cristiana e islámica. Este mar fue y es asimismo la base económica y cultural de naciones incipientes favorecidas por los intercambios marítimos que permitieron la supremacía de la llamada civilización occidental. Territorios de la diversidad que cuestionan la idea de frontera, transformando los modelos de identidad y las figuras políticas surgidas a partir de acontecimientos revolucionarios.

No pasa un día sin que se aluda al Mediterráneo como un drama y no como un espacio participativo o cultural en la línea que reflejan los folletos publicitarios. Lejos está el Mediterráneo de Braudel, sus maravillosas descripciones de paisajes se han convertido en destinos turísticos y las Illes Balears no son una excepción. Por su situación e insularidad, Palma de Mallorca se encuentra en el corazón de este mar occidental y oriental cuyos accesos generan atracción y rechazo por igual a una Europa contemporánea cada vez más proteccionista.

Este proyecto curatorial no tiene por objeto ilustrar el entorno de este mar sino ofrecer una reflexión profunda sobre esas regiones milenarias, proponiéndonos ser actores potenciales de un nuevo desarrollo cultural y de la evolución natural que se ha producido en el contexto del Mediterráneo. Este complejo clímax de situaciones es el que privilegia la observación razonada, el conocimiento y la negociación, que siguen siendo el motor esencial de encuentros entre mundos que se ignoran y que se manifiestan en estas aguas. Si el Mediterráneo es el cementerio más grande del mundo, la densidad de intercambios fluviales y económicos genera pérdidas y beneficios y sus consecuencias ecológicas, económicas, políticas y sociales van acelerándose a un ritmo vertiginoso.

La exposición "El mar en medio de las tierras // Mare Medi Terraneum" plantea el litoral del Mediterráneo en su conjunto como un ser vivo, tanto para quienes viven en él como para quienes están de paso. La experiencia de esta exposición permite una mirada hacia cuestiones escasamente debatidas como la desilusión en la política europea, las primaveras árabes y las herencias medioambientales, industriales y turísticas. El lenguaje de los artistas seleccionados intenta devolver una cierta dignidad a las personas mediante la fuerza de la observación y del imaginario y de sus actos cotidianos.

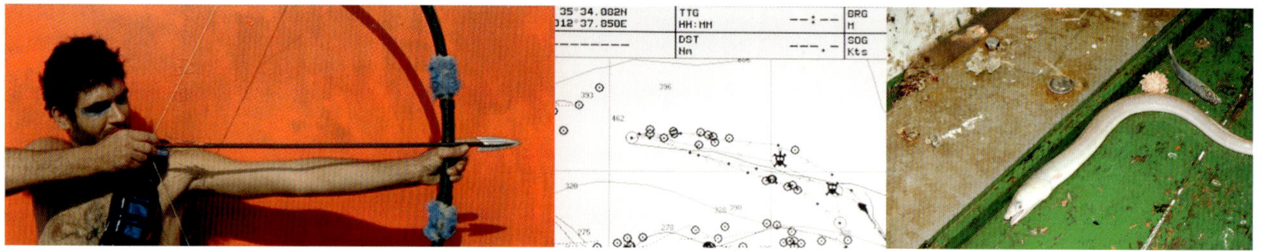

Marco Poloni, *Displacement Island*, 2006 (detail)

earthquakes evoked by *Ali Cherri* in some areas of the Mediterranean where tectonic plates are continuously moving, much more than anywhere else in the world. Fatality or destiny, that is the history of this coastline, which is not always as welcoming as we have been led to believe. People live in constant threat. Is it better to be aware of potential disasters or to ignore them?

For *Hervé Paraponaris*, it is a case of dreaming of a better world by imagining that the Mediterranean space could be a subaquatic metro network, with Palma de Mallorca one of the privileged stops[4]. To achieve this, above and beyond utopias, many crossings will still have to be made to El Dorado, as is shown by the price of the passage from Iraq to Europe, which enriches so many intermediaries. The style of the drawing is inspired by 1930's science fiction comics as well as Christopher Wool's paintings, which have commanded the highest prices ever for a contemporary artist[5].

The solutions to this 20th and 21th-century Odyssey are on the maps too, and the guiding star sometimes accompanies some migrants on their crossing plagued with dangers and detours, as proposed by the video of *Bouchra Khalili*.

In his photographic storybook set between Palestine and Israel, *Yazan Khalili* evokes the breaking-up of a love story through images and texts, like a line on the landscape that continues and indefinitely projects innumerable longings and desires which are never satisfied.

After the usual disappointment, both in the sphere of love and in everyday life, the reality of the economic crisis in Greece surpasses all the limits of the imaginable to the point of triggering frantic dynamics in a supermarket queue for food rations. In extraordinarily effective film, *Yorgos Zois* asks us how far this situation will go.

The coast is also the eager journeys on the Algerian littoral that *Zineb Sedira* submerges us in with her video, faced with which spectators begin to feel uncomfortable and fascinated by the parallelism of the waterfront. At every bend in the road, the age of the vehicles and lack of light on roads with as many potholes as the cars have dents in them, coupled with the fear of never arriving at one's destination, make anguish a permanent feature.

El incesante vaivén vertical del flujo de imágenes del vídeo de *Ange Leccia* muestra el carácter inaprensible de esas aguas en constante movimiento. Del estado gaseoso al estado sólido, el litoral marca el límite entre lo seco y lo húmedo, el equilibrio y el desequilibrio que son analizados por *Lara Fluxà*, cuyas investigaciones se concentran sobre elementos que caracterizan principalmente el mar, sus matices de inestabilidad y la salinidad de sus aguas, ontológicamente cuestionada por el artista. No se puede coger el agua con las manos, es la anti-forma por excelencia, y la anti-forma, o lo amorfo, transmite la idea de que ya ha asumido todas las formas posibles.

El turista que llevamos dentro padece las interferencias ecológicas y políticas al mismo tiempo que fomenta dichas contradicciones. Si observamos la miseria y la injusticia de los mundos que conviven no podemos sino constatar las fricciones latentes que hay en Lampedusa o en Chipre, como representa el montaje fotográfico de *Marco Poloni* o se aprecia en el vídeo de *Marcel Dinahet*, quien ha transgredido las tierras prohibidas de la Europa septentrional, en Chipre, donde los desacuerdos territoriales dan lugar a las insoportables situaciones en las que se ven envueltos tanto los candidatos a la emigración como los autóctonos de las costas del sur de Europa, víctimas de la incapacidad de Europa por delimitar sus fronteras con los países limítrofes. La gran instalación de Marco Poloni está formada por 60 imágenes, la mitad de las cuales provienen de referentes cinematográficos como el *Robinson Crusoe* de Buñuel, el *Stromboli* de Rossellini, de imágenes científicas y de imágenes de Google Earth.

Por otra parte, visto desde el continente africano, hace décadas que un considerable número de personas "se juegan el pellejo". En forma de conversaciones, el artista *Antoni Muntadas* ha plasmado de qué están hechos los miedos, los motivos personales explícitos e implícitos de las personas en su desesperación, que en algunos casos son también familiares de los *harragas*.[2] Los protagonistas, que ya no logran encontrar su dignidad, expresan con pudor su desconcierto.

Abordado desde otra perspectiva, *Rogelio López Cuenca* también nos hace partícipes mediante las cámaras infrarrojas de los mismos sentimientos de terror que asaltan a los "sin papeles" que persiguen su odiseico sueño hacia tierras más clementes como España, a un tiro de piedra de El Dorado europeo.[3] A otra escala, ese mismo miedo visceral es el que provocan los recurrentes temblores de tierra que evoca *Ali Cherri* en algunas zonas del Mediterráneo donde las placas tectónicas están en continuo movimiento, mucho más que en cualquier otro lugar del mundo. Fatalidad o destino, esa es la historia de este litoral que no siempre es tan acogedor como nos han hecho creer. La gente vive en peligro constante. ¿Es mejor ser consciente de los desastres potenciales o ignorarlos?

Para *Hervé Paraponaris* se trata de soñar un mundo mejor imaginando que el espacio del Mediterráneo pudiera ser una red de metro subacuático, y Palma de Mallorca, una de las paradas privilegiadas. Para ello, más allá de las utopías, todavía habrá que negociar muchas travesías hacia El Dorado, como demuestra el precio del pasaje de Irak a Europa, que enriquece a tantos intermediarios.[4] Los dibujos se inspiran en los cómics de ciencia ficción de la década de 1930 y en

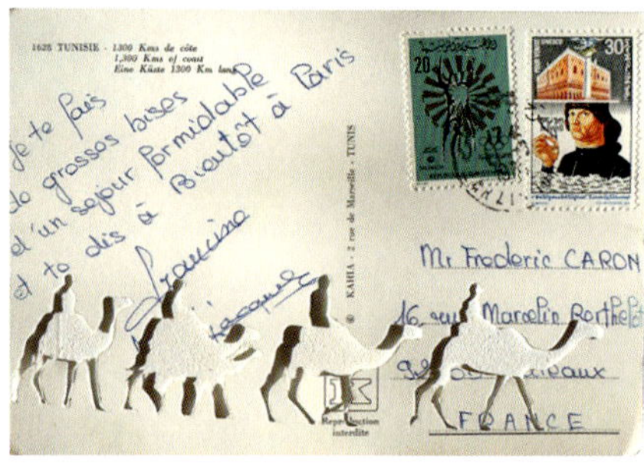

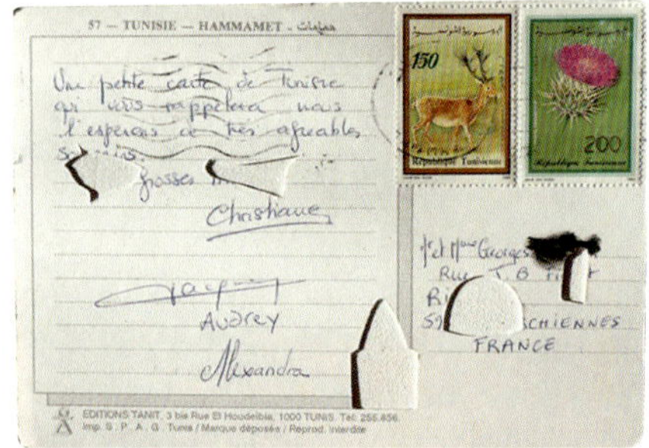

Farah Khelil, *Point de vue, point d'écoute*
(*Clichés II*), 2013–2014

When we realize the legacy we leave behind us with our industrial landscapes, which we can rediscover in the photographic works of *Geoffroy Mathieu* and *Bertrand Stofleth*, and also in the *in situ* drawing by *Chourouk Hriech*, we are filled with another consideration of the Mediterranean waterfront. These artists contribute a different gaze to the contemporary wastelands of our coasts, which have borne (and some of which still do bear) intense industrial activity as in the case of Fos-sur-Mer, in Marseille. Bauxite ruins the soil and the landscape forever, as occurs with the factories erected by Franco at the entrance of Gibraltar[6], which rise up like monstrous cathedrals of lights at the gates of the Mediterranean both during the day and at night. *Chourouk Hriech's* site specific drawings reveal the ruins of modern times, such as unfinished houses or phantasmagoric industrial buildings all around the Mediterranean, evoking haunted places which are emblematic of the disrespectful attitude people have towards those waters… The artist has chosen to speak about the shadows of the modern ruins we are leaving behind in waterfront landscapes, dialectically responding to two existing paintings, which are depicting the role that industrial boats are playing on these coasts.

"The Sea in the Midst of the Lands" is also about the phantoms projected by the collection of sublime, disquieting postcards of sunsets by *Oriol Vilanova*, presented on endless horizons, which contrast with the image on constant flow of *Ange Leccia*. Oriol Vilanova has collected these postcards since 2000, from early black and white images to the most recent ones, assorted them by color and then reproduced them on large scale (12 meters width): from a distance they look like huge waves, while if looked at in detail, they almost look like nightmares…

In another language, around the stereotypes that circulate in the Mediterranean and in an extreme reduction of representations of prominent Tunisian tourist destinations, the artist *Farah Khelil* has returned to the places she knows like the back of her hand through postcards gathered in European and North African street markets, as though they

las pinturas de Christopher Wool, que han alcanzado los precios más altos en la historia para la obra de un artista contemporáneo.[5]

Las soluciones a dicha odisea de los siglos XX y XXI están también en los mapas, y la buena estrella acompaña a veces a algunos emigrantes en su travesía llena de peligros y rodeos, como nos propone el vídeo de *Bouchra Khalili*.

En su fotonovela, a caballo entre Palestina e Israel, *Yazan Khalili* evoca la ruptura de una historia de amor a través de imágenes y textos, como una línea en el paisaje que sigue y proyecta indefinidamente innumerables anhelos y deseos nunca satisfechos. Tras la decepción de siempre, tanto si es en campo amoroso como en el día a día, la realidad de la crisis económica griega sobrepasa todos los límites de lo imaginable hasta el punto de desencadenar una dinámica desenfrenada en la cola de espera en un supermercado por una ración de alimentos. En su film, con una extraordinaria eficacia, *Yorgos Zois* nos cuestiona hasta dónde llegará esa situación.

El litoral son también los afanosos viajes por las costas argelinas en los que nos sumerge *Zineb Sedira* con su vídeo, frente al cual el espectador comienza a sentirse incómodo y fascinado por el paralelismo de la línea de costa. A cada curva, la vetustez de los vehículos, la falta de luz de unas carreteras con tantos baches como abolladuras tienen los coches y el miedo de no llegar a buen puerto hacen que la angustia sea permanente.

Cuando nos damos cuenta de la herencia que legamos con nuestros paisajes industriales, y que podemos redescubrir en los trabajos fotográficos de *Geoffroy Mathieu y Bertrand Stofleth*, así como en el dibujo *in situ* de *Chourouk Hriech*, miramos el litoral mediterráneo con otros ojos. Estos artistas aportan una mirada distinta a los páramos contemporáneos de nuestras costas, que han soportado (y algunas todavía soportan) una actividad industrial intensa como en el caso de Fos-sur-Mer, en Marsella. La bauxita arruina los suelos y los paisajes para siempre, como sucede con las fábricas erigidas por Franco a la entrada de Gibraltar[6] y que se levantan como catedrales de luces monstruosas a las puertas del Mediterráneo tanto de día como de noche. Los dibujos que *Chourouk Hriech* ha hecho de determinados emplazamientos, como casas inacabadas o construcciones industriales fantasmagóricas que pueblan las orillas del Mediterráneo, muestran las ruinas de la época moderna evocando lugares embrujados que son emblemáticos del poco respeto que tiene la gente por estas aguas… La artista ha decidido hablar de las sombras de las ruinas modernas que dejamos atrás en paisajes litorales, respondiendo dialécticamente a dos pinturas existentes que representan el papel que desempeñan los barcos industriales en aquellas costas.

"El mar en medio de las tierras" son también los fantasmas proyectados de la colección de postales de puestas de sol, sublimes e inquietantes, de *Oriol Vilanova*, presentadas en horizontes sin fin que contrastan con la imagen en constante movimiento de *Ange Leccia*. Oriol Vilanova colecciona esas postales desde 2000, que van desde las primeras imágenes en blanco y negro hasta las más recientes, ordenadas por color y reproducidas a gran escala (12 metros de ancho). De lejos parecen enormes olas, pero de cerca casi parecen pesadillas…

were fragments of correspondence, between the message she would like to send and the difficulty of speaking of the histories, past and present, of the coastline.

"Mare Medi Terraneum" tries to give an account of the gaze of selected contemporary artists over a space, which is that of all the civilizations of the world, come together in the shared waters of the Mediterranean. Due to the context where this exhibition is taking place, this project has been influenced by Robert Smithson's works[7]. His work focuses on space seen from an exotopic perspective: for example, when seen from an island such as Mallorca, the perception of continents can be viewed differently to that of mainland people. Because of an Islander's relationship with the water, it means that it won't be looked at in the same way.

Oblivious to all this, and yet so close to it, current affairs brim over and art proposes a certain necessary distance for this crisis which has, for thousands of years, shackled man to the land and the sea, above or below the waterline.

Let us not forget that, as Franco Cassano points out, "this space has always been a place of genetic and linguistic mixtures that generate a culture, the result of which is also a creolization of the peoples who participate in its construction"[8]. And what about us? How do we experience these fusions? What are we looking for? What is in our head, in our beach bag or in our sociological or cultural studies when we travel around these places?

Cécile Bourne-Farrell

1 "La Mer au Milieu des Terres", original title in French.
2 Illegals, those who risk their lives to make the crossing to Europe.
3 Tangier/Tarifa: 13 km and http://watchthemed.net
4 "Vogue la Galère, traffic des migrants", by Andrea Palladino and Andrea Tornaho, p. 12, *Le Monde*, 6 February 2015.
5 Christopher Wool prices: http://www.bloomberg.com/bw/articles/2014-10-09/price-of-christopher-wools-apocalypse-now-soars-with-art-market
6 "La Línea is the most polluted town in Spain, according to the WHO", Manuel Planelles and Cándido Romaguera, Sevilla / La Línea de la Concepción, *El País*, 24 May 2014, http://sociedad.elpais.com/sociedad/2014/05/24/actualidad/1400953564_377787.html
7 Robert Smithson: "Photoworks" Los Angeles County Museum of Art, Los Angeles and University of New Mexico Press, Albuquerque, 1993, ed by Chris Keledjian
8 Franco Cassano. *Southern Thought and Other Essays on the Mediterranean*. Spanish translation by Norma Bouchard and Valerio Ferme. New York: Fordham University Press, 2011

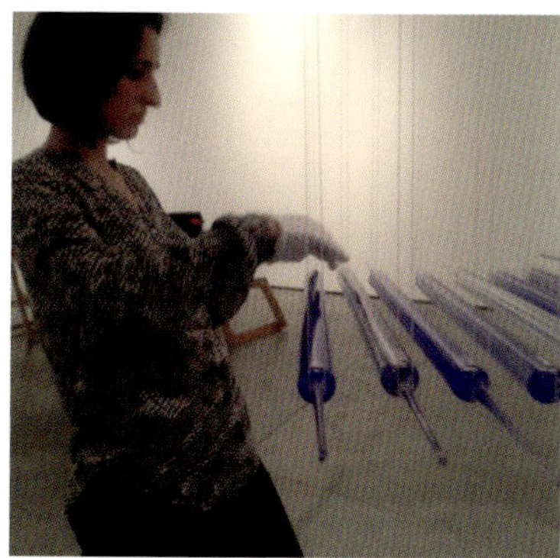

Lara Fluxà, installing her installation

En otro lenguaje, alrededor de los estereotipos que circulan por el Mediterráneo y en una reducción extrema de representaciones de destacados emplazamientos turísticos tunecinos, la artista *Farah Khelil* ha regresado a aquellos lugares que conoce a la perfección a través de postales recopiladas en mercadillos europeos y del norte de África, como si se trataran de fragmentos de correspondencias entre el mensaje que quisiera enviar y la dificultad de hablar de las historias pasadas y presentes del litoral. "Mare Medi Terraneum" espera dar cuenta de la mirada de algunos artistas contemporáneos sobre un espacio que es el de todas las civilizaciones del mundo reunidas en las aguas compartidas del Mediterráneo. A causa del contexto en el que se celebra esta exposición, este proyecto se ha visto influido por la obra de Robert Smithson.[7] Su obra se centra en ver el espacio desde una perspectiva exotópica. Por ejemplo, desde una isla como Mallorca, la percepción que se tiene de los continentes es distinta de la que se tiene desde el territorio continental. La relación que los isleños tienen con el agua condiciona el modo en el que la miran. Ajena a todo ello, y sin embargo tan cercana, la actualidad desborda y el arte propone una cierta distancia, necesaria para esta crisis que desde hace milenios ata al hombre a la tierra y al mar, por encima o por debajo del nivel de las aguas.

No olvidemos que tal y como señala Franco Cassano, "este espacio siempre ha sido lugar de mezclas genéticas y lingüísticas que generan una cultura cuyo resultado también es una creolización de los pueblos que participan en su construcción".[8] ¿Y nosotros? ¿Cómo vivimos estos mestizajes? ¿Qué buscamos? ¿Qué tenemos en la cabeza, en nuestra bolsa de playa o en nuestros estudios sociológicos o culturales cuando vamos por estos lugares?

Cécile Bourne-Farrell

1 "La Mer au Milieu des Terres", título original.

2 Clandestinos, personas que arriesgan su vida al intentar atravesar el mar para llegar a Europa.

3 Tánger/Tarifa: 13 km y http://watchthemed.net

4 "Vogue la Galère, traffic des migrants", Andrea Palladino y Andrea Tornago, p. 12, *Le Monde*, 6 de febrero de 2015.

5 Precios de Christopher Wool: http://www.bloomberg.com/bw/articles/2014-10-09/price-of-christopher-wools-apocalypse-now-soars-with-art-market

6 "La Línea es la ciudad más contaminada de España, según la OMS", Manuel Planelles y Cándido Romaguera, Sevilla / La Línea de la Concepción, *El País*, 24 de mayo de 2014, http://sociedad.elpais.com/sociedad/2014/05/24/actualidad/1400953564_377787.html

7 Robert Smithson: "Photoworks" Los Angeles County Museum of Art, Los Angeles and University of New Mexico Press, Albuquerque, 1993, ed. por Chris Keledjian

8 Franco Cassano. *Southern Thought and Other Essays on the Mediterranean*. Traducción de Norma Bouchard y Valerio Ferme. Nueva York: Fordham University Press, 2011.

ARTISTS BIOGRAPHIES + EXHIBITED WORKS

Ali Cherri

Born in 1976 in Lebanon,
lives and works in Paris and Beirut.
www.acherri.com

- *The Disquiet*, 2013
  HD Video. Single-channel,
  colour, sound, duration: 20'
  Edition: 5+2 AP
  Courtesy of the artist and Imane Farès, Paris

- *Paysages tremblants (Alger)*, 2014
  Lithograph and Archival Ink Stamp,
  40 × 60 cm
  Edition: 7+ 2 AP
  Courtesy of the artist and Imane Farès, Paris

Marcel Dinahet

Born in 1943 in Plouigneu,
lives and works in Rennes.
www.marceldinahet.co.uk

- *Famagusta Varosha.* Project
  "Suspended Spaces", 2009
  Video. Single-channel, colour,
  sound (loop), duration: 4' 33"
  Courtesy Domobaal Gallery, Londres

Lara Fluxà

Born in 1985 in Palma de Mallorca,
lives and works in Barcelona.
www.larafluxa.net

- *a-Nivellaments*, 2011
  Silk thread, water, glass, blue pigments,
  269 × 70 × 174 cm
  Ajuntament de Santanyí Collection,
  Mallorca

Chourouk Hriech

Born in 1977 in Marseille,
where she lives and works.
www.documentsdartistes.org

Dépasser les murs, 2015
Site-specific drawing created by the artist in
collaboration with the Escola Superior de Disseny
Illes Balears and Chooseone.org and made up of
the following artworks:

- *Painting's window n°1*, 2010
  Black and White drawing with
  marker pen on wood, 120 × 220 cm
  Collection Fonds régional d'Art
  contemporain Provence-Alpes-Côte d'Azur

- *Painting's window n°2*, 2010
  Black and White drawing with marker pen
  on wood, 120 × 220 cm
  Collection Fonds régional d'Art
  contemporain Provence-Alpes-Côte d'Azur

Bouchra Khalili

Born in 1975 in Casablanca,
lives and works in Berlin and Paris.
www.frieze.com/issue/article/focus-
bouchrakhalili/vimeo.com/17756648

- *Mapping journeys n°4*, 2010
  Video. Beta SP transferred to DVD,
  Pal, colour, sound, duration: 4'
  Collection Fonds régional d'Art
  contemporain Provence-Alpes-Côte d'Azur

Yazan Khalili

Born in 1981 in Palestine,
lives and works in Barcelona.
www.yazankhalili.com

- *On Love and Other Landscapes*, 2011
  Artist Book (2 copies),
  31 × 48,5 cm each one
  Courtesy of the artist &
  EOA. Projects, London

Farah Khelil

Born in 1980 in Carthage, Tunisia,
lives and works in Paris.
farahkhelil.free.fr

- *Point de vue, point d'écoute (Clichés II)*,
  2013–2014
  20 postcards, 15 × 10,5 cm each one
  Collection of the artist

Ange Leccia

Born in 1952 in Minerviù, Corsica,
lives and works in Paris.
www.palaisdetokyo.com/fr/exposition/
jamais-la-mer-ne-se-retire

- *La Mer*, 1991
  Video. Single-channel, colour,
  duration: 40' 20"
  Fonds Régional d'Art Contemporain Corse

Rogelio López Cuenca

Born in 1959 in Nerja,
lives and works in Málaga.
www.malagana.com

- *Calor humano*, 2008
  Video. Single-channel, black and white,
  sound, duration: 3' 37"
  Collection of the artist

Geoffroy Mathieu & Bertrand Stofleth

Born in 1972 in Boulogne-Billancourt,
lives and works in Marseille / Born in 1978
in Chatenay-Malabry, lives and works in Lyon.
www.geoffroymathieu.com and
www.bertrandstofleth.com

- *Paysages usagés, Observatoire photographique
  du paysage depuis le GR2013*, 2013
  30 Colour photographs. Pigment prints
  encapsulated between acrylic glass,
  23,5 × 29,7 cm c/u
  Long-term loan of Centre national des arts
  plastiques France at Fonds régional d'Art
  contemporain Provence-Alpes-Côte d'Azur

Antoni Muntadas

Born in 1942 in Barcelona, lives and
works in New York and Venice, Italy.
http://www.hamacaonline.net/autor.
php?id=110

- *On Translation: Miedo/Jauf*, 2007
  Video. Single-channel, colour,
  sound, duration: 52' 18"
  Courtesy of the artist and Hamaca,
  video art distribution from Spain

Hervé Paraponaris

Born in 1966 in Marseille,
where he lives and works.
www.documentsdartistes.org/artistes/
paraponaris/rep-lanaspeze.html

- *M.U. Prévues-Échangeur portuaire*, 2014
- *M.U. Prévues-Rhodes*, 2014
- *M.U. Prévues-L'ommission de Némo*, 2014
- *M.U. Sentence-Le prix du danger*, 2014
- *M.U. Sentence-Le poids de l'effort*, 2014
- *M.U. Prévues-Autorame*, 2014
- *M.U. Prévues-Station littoral*, 2014

  Pencil on paper 65 × 100 cm/
  100 × 65 cm each one
  Courtesy of the artist

Marco Poloni

Born in 1962 in Amsterdam,
lives and works in Berlin.
www.theanalogueislandbureau.net

- *Displacement Island*, 2006
  Constellation of 60 photographic images.
  Pigment Prints
  Dimensions variable (here 28 meters long)
  Courtesy of Galerie Campagne Première,
  Berlin

Zineb Sedira

Born in 1963 in Paris,
lives and works in London.
www.zinebsedira.com

- *And the road goes on…*, 2005
  Video projection, colour, sound, duration: 8'
  Collection Fonds régional d'Art
  contemporain Provence-Alpes-Côte d'Azur

Oriol Vilanova

Born in 1980 in Manresa,
lives and works in Brussels.
www.macba.cat

- *Sunsets from…*, 2013
  Installation. 693 postcards,
  dimensions variable
  Courtesy of the artist & Galería
  Parra y Romero, Madrid/Ibiza

Yorgos Zois

Born in 1982 in Athens,
where he lives and works.
www.casusbellifilm.com

- *Casus Belli*, 2010
  Film, 35 mm. Colour, Dolby digital sound,
  duration: 11' 11"
  Courtesy of the artist

EXHIBITION

Es Baluard Museu d'Art Modern i Contemporani de Palma
March 13th – August 30th 2015

Staff:
Nekane Aramburu, director

Irene Amengual, Eva Cifre, Aina Crespí, Gregorio Daureo, Rosa Espinosa, Gabriel Ferrer, Ana Gardlund, Maria Gayà, Perico Gual, Soad Houman, Ana Huertas, Núria Jover, Catalina Joy, Clara Llompart, Sebastià Mascaró, Francisco Medrano, Paz Montesinos, Corinne Murre, Daniel Rebassa, Jesús Torné, Antoni Torres, Andreu Verd

With the support of:

Chooseone.org

fundación suiza para la cultura
prohelvetia

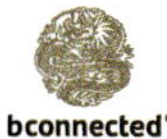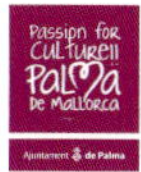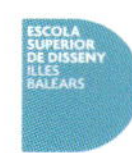

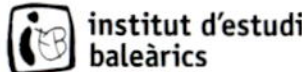

bconnected®

institut d'estudis baleàrics

With the collaboration of:

FRAC Provence Alpes Côte d'Azur
Fonds Régional d'Art Contemporain

The Fonds régional d'art contemporain is financed by the Region Provence-Alpes-Côte d'Azur and the Ministère de la Culture et de la communication / Direction régionale des affaires culturelles Provence-Alpes-Côte d'Azur. It is a member of Platform, a collective of FRACs and is a founding member of the Marseille Expos network.

ACKNOWLEDGEMENTS

Ali Cherri, Marcel Dinahet, Lara Fluxà, Chourouk Hriech, Bouchra Khalili, Yazan Khalili, Farah Khelil, Ange Leccia, Rogelio López Cuenca, Geoffroy Mathieu & Bertrand Stofleth, Antoni Muntadas, Hervé Paraponaris, Marco Poloni, Zineb Sedira, Oriol Vilanova, Yorgos Zois

Ajuntament de Santanyí, Fnac (Fonds National d'Art Contemporain), Centre national des arts plastiques, Fonds régional d'Art contemporain Corse and Provence-Alpes-Côte d'Azur

Campagne Première (Berlin), Domobaal Gallery (London), EOA. Projects (London), Hamaca media & video art distribution from Spain (Barcelona), Galerie Imane Farès (Paris), Galería Parra & Romero (Madrid/Ibiza)

Alliance Française (Palma de Mallorca), Anne Alessandri, Ben Amics, Domo Baal, Be Connected, Cécile Bourne Farrell, Marianne Burki, Chooseone.org (London), Escola Superior de Disseny de les Illes Balears (Maria Abando, Liliana Boffi, Ruben Chacón, Francesca Cifre, Jorge Clemente, Florentino Flórez, Raúl Jiménez, Raissa Khochman, Maria Llobera, Irene Mestre, Raquel Moreno, Víctor Navarro, Milton Ortiz, Mercedes Prieto, Catalina Puig, Pilar Rovira, Alba Vicente, Fernando Vizuete), Imane Farès, Fundació Turisme Palma de Mallorca 365, Patrick Gosatti, Chus Gutiérrez, Institut d'Estudis Baleàrics, Nina Koidl, Metges del Món Illes Balears (Francisco Garrido, Carmen Pastor, Ramón Chao, Helena Maleno, Valeria Castorina, Nazanín Armanian & Guillem Buika), Michel Magnier (Consulate of France in Palma, Mallorca), Catherine Munger, Pascal Neveux, Caterina Perlini, ProHelvetia, Yves Robert, Guillermo Romero Parra, Henning Weidemann

CATALOGUE

Editorial Coordination:
Cécile Bourne-Farrell with the collaboration of Es Baluard

Design:
Studio Luc Derycke, Luc Derycke and Stijn Verdonck

Translations:
Traduccions Mon, Barcelona
Carme Llull

Publisher:
MER. Paper Kunsthalle
Geldmunt 36, B–9000 Ghent
www.merpaperkunsthalle.org

© of the works of art, the artists

Picture credits:
© ADAGP, Paris 2016 for Ange Leccia and Chourouk Hriech
© D.R., Zineb Sedira, 2015
© Each artists and David Bonet for all the other images, Sandra Pointet, p. 13; Cécile Bourne-Farrell, p. 27, 59; Domo Baal, p. 24, 25; Imane Farès, p. 29

ISBN: 978 94 9232 111 4
D/2016/7852/32